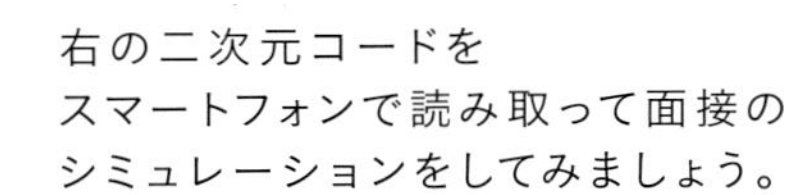

Day 1 問題カード

右の二次元コードを
スマートフォンで読み取って面接の
シミュレーションをしてみましょう。

Cycling

These days, people are interested in how to live healthier. Cycling is one of the most popular activities. People can explore the areas and enjoy local sights, and by doing so they can relax and have fun. Jumping on a bike and cycling with children or friends is becoming more popular.

A

B

Day2 問題カード

右の二次元コードを
スマートフォンで読み取って面接の
シミュレーションをしてみましょう。

Pet Care Service

Today, many people love to have pets. For those who are too busy to look after their pets, there is a special service called a pet sitting service. Members of the service can ask the staff to take care of their pets, and in this way, they can keep pets without difficulty.

A

B

Day3 問題カード

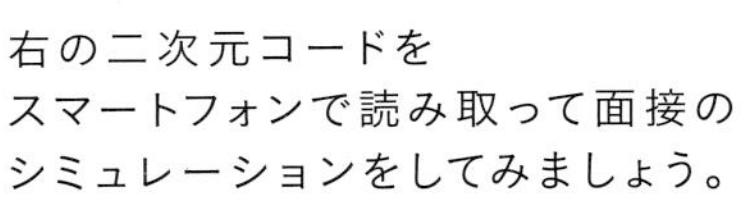
右の二次元コードを
スマートフォンで読み取って面接の
シミュレーションをしてみましょう。

Flea Market Application

Today, smartphone applications for selling things are available and becoming more common. People can sell things that they think are not necessary anymore, and by doing so they can get money with flea market applications. This type of application is expected to be more popular in the future.

A

B

Day4 問題カード

右の二次元コードを
スマートフォンで読み取って面接の
シミュレーションをしてみましょう。

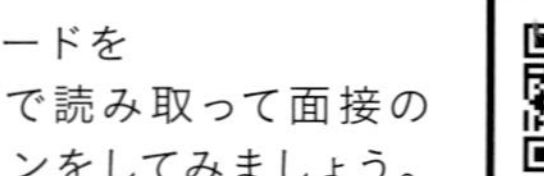

Robot Cleaners

Today, more and more people use robot cleaners at their home. There are a variety of them available in different stores. Robot cleaners clean rooms while people are away and save people's time. Many people like to have extra time, so they are becoming more popular.

A

B

Day5 問題カード

右の二次元コードを
スマートフォンで読み取って面接の
シミュレーションをしてみましょう。

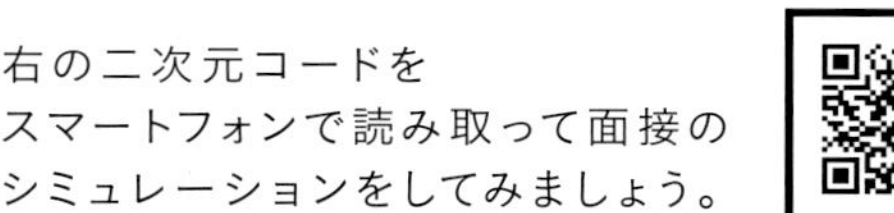

Nap Time

There is a custom in which people take a nap in the afternoon. These days, there are some schools that take advantage of this custom. Students can take a twenty-minute nap after lunch, and by doing so they can concentrate on their studies without feeling tired. This custom will be popular in Japan soon.

A

B

Day6 問題カード

右の二次元コードを
スマートフォンで読み取って面接の
シミュレーションをしてみましょう。

Wearing Yukata

In Japan, many people like to wear a yukata in the summer. They go sightseeing and take pictures wearing a yukata. Some stores offer discounts to people who wear a yukata, and in this way, they can attract more people during the summer. There will be more of those stores in the future especially in the popular sightseeing cities.

A

B

Day7 問題カード

右の二次元コードを
スマートフォンで読み取って面接の
シミュレーションをしてみましょう。

Emergency Food

There are many natural disasters such as earthquakes, floods and tsunami in Japan. Right after those disasters, it is difficult to get healthy and fresh food. Now, many companies are selling foods for emergencies. Emergency food can be preserved for a long time, so many people keep it at home.

A

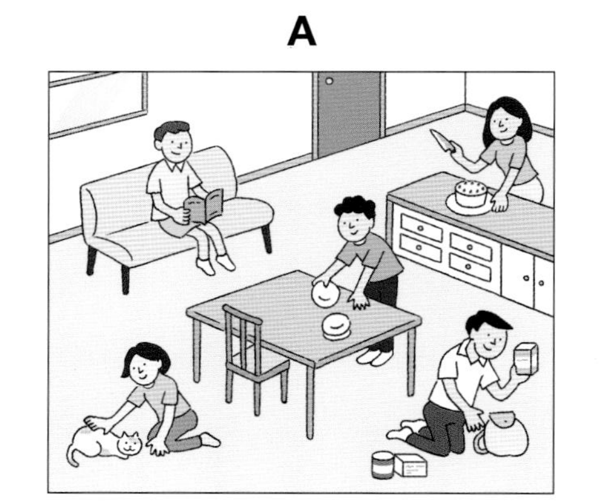

B

7日間完成！

英検® 準2級

二次試験・面接対策

予想問題集

Gakken

もくじ

本書の使い方

本書のDay 1～Day 7の構成と利用方法は以下の通りです。
以下の1～3の順序でのご利用をおすすめします。

1 『問題カード』を使って、面接のシミュレーションをしてみよう

巻頭についている『問題カード』を使用して、面接のシミュレーションをしましょう。各カードの右上に置かれている二次元コードをスマートフォンで読み取ると、面接官があなたに話しかけてくる動画を視聴することができます。

動画では、あなたの解答のタイミングがやってくると、
「YOUR TURN」(あなたの番です。)という文字と制限時間が画面上に表示されます。
試験本番だと思って、制限時間内での解答を目指してみましょう。

2 本冊で、面接の流れを振り返ろう

本冊に収録されているDay 1～Day 7には、それぞれの試験内容の解答例や解説が書かれています。

まずは、それぞれの面接試験の流れを振り返りましょう。

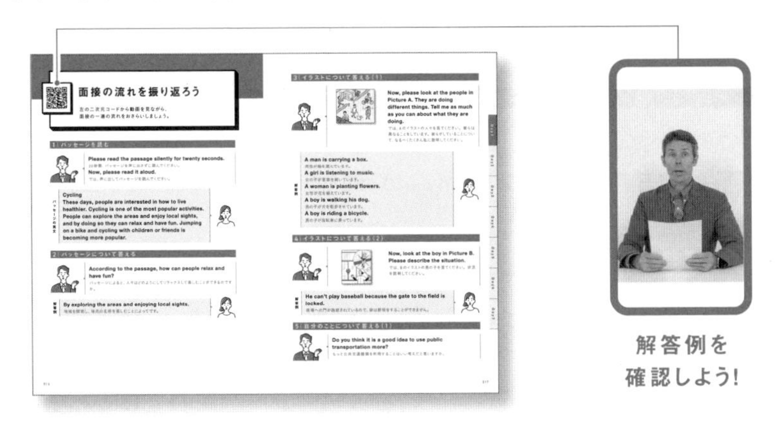

このページでは、左上の二次元コードをスマートフォンで読み取ると、
1で見た動画に沿って、解答例を確認することができます。

3 それぞれの問題を理解しよう

面接の流れを振り返った後は、面接官から聞かれた質問について、
一問ずつ理解を深めましょう。

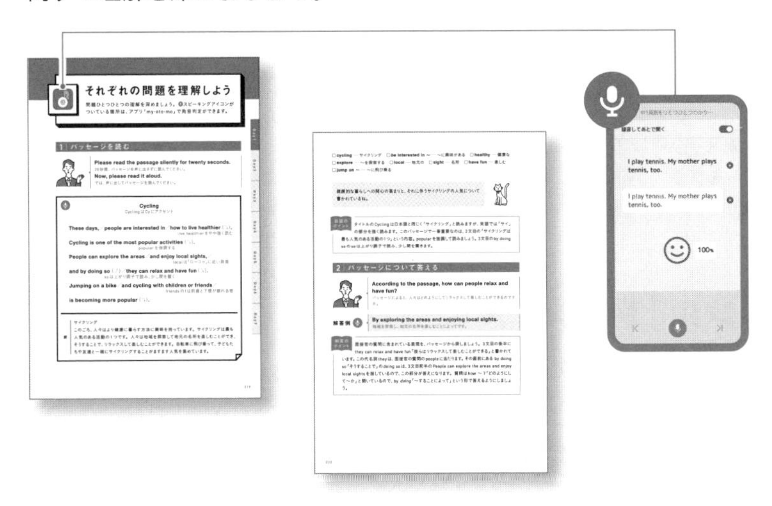

スピーキングアイコンがついている英文のみ、アプリ『my-oto-mo(マイオトモ)』から発音判定を受けることができます。
詳細はp. 006をご確認ください。

音声・発音判定について

本書の音声再生・発音判定は、アプリ『my-oto-mo（マイオトモ）』から行うことができます。

https://gakken-ep.jp/extra/myotomo/
右の二次元コードをスマートフォンで読み取って、ダウンロードしてください。

1 「本をさがす」から本書の音声をダウンロードしましょう。

2 書籍のダウンロードが完了すると、音声を聞くことができます。

3 スピーキングアイコンがついている英文は、発音の判定をすることができます。

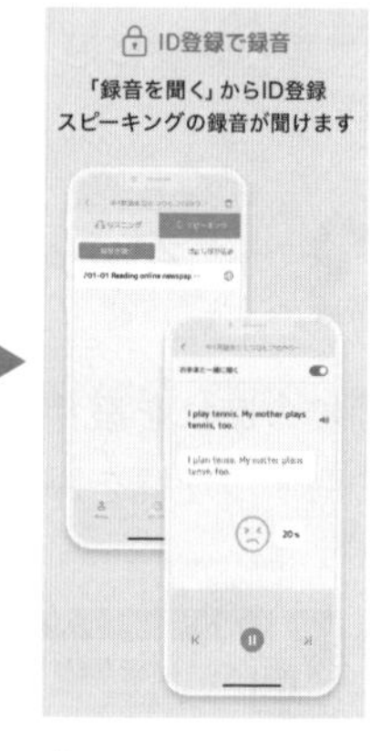

4 さらに、ID登録を行うことで、自分の声を録音して聞き直すことができます。

【パソコン用】MP3音声について

パソコンから下記のURLにアクセスすると、MP3形式の音声ファイルをダウンロードすることができます。
https://gakken-ep.jp/extra/myotomo/

［注意事項］
・お客様のネット環境および携帯端末により、アプリのご利用ができない場合、当社は責任を負いかねます。ご理解・ご了承いただきますよう、お願いいたします。
・アプリ「my-oto-mo」のダウンロード自体は無料ですが、通信料はお客様のご負担になります。

Day 0

二次試験を知ろう

- 二次試験の内容
- 二次試験の流れ
- 英検S-CBTについて

二次試験の内容

準2級の試験時間

約6分

準2級の問題

準2級の試験では、以下のような「問題カード」を面接官から渡されます。

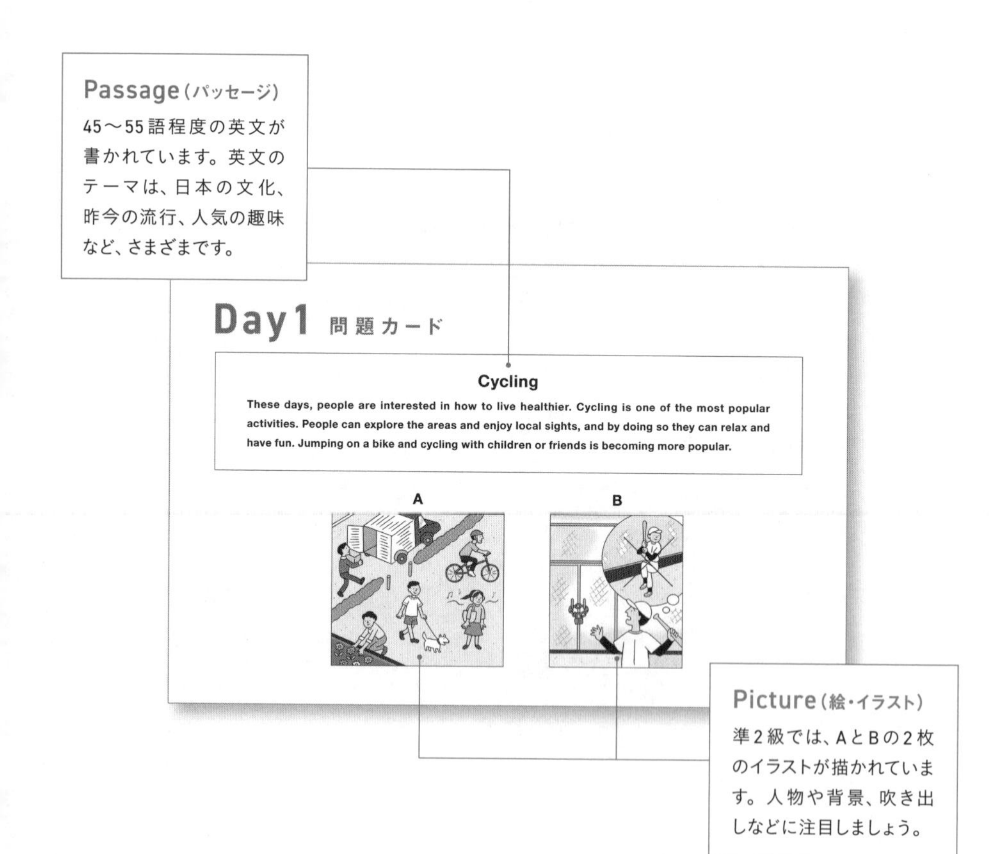

1 問題カードのパッセージの音読

「問題カード」に書かれたパッセージ(英文)を音読します。

2 パッセージについての質問

「問題カード」に書かれたパッセージ(英文)の内容について、1問質問されます。

3 イラストについての質問(1)

「問題カード」に描かれているAのイラストについて、1問出題されます。
(イラスト中の人物の行動を描写する)

4 イラストについての質問(2)

「問題カード」に描かれているBのイラストについて、1問出題されます。
(イラスト中の人物の状況を説明する)

5 受験者自身についての質問(1)

問題カードのテーマに関連のある話題について、受験者(あなた)の意見を問う問題が、1問出題されます。

6 受験者自身についての質問(2)

日常生活の身近な事柄について、受験者(あなた)の意見を問う問題が、1問出題されます。(問題カードのテーマに直接関連しない内容も含む)

準2級(スピーキング)の合格点

406点／600点(満点)

得点率68%

※英検では、国際標準規格CEFRに対応した「英検CSEスコア」で英語力を客観的に評価しています。
※技能(リーディング・リスニング・ライティング・スピーキング)ごとに問題数は異なりますが、問題数に関係なく、各技能にスコアを均等に配分しています。
したがって、技能ごとに1問あたりのスコアへの影響は異なります。
ただし、同じ技能の問題であれば、どの問題で正解してもスコアへの影響は同じです。
※スコアは各回の全答案採点後、統計的手法(Item Response Theory★)を用いてスコアを算出しているため、受験者の皆さまがご自身の正答数でスコアを算出することはできません。
★Item Response Theoryとはテストにおける受験者の応答パターンを用いて、形式や難易度が異なるテストの結果を比較するための理論です。

英検CSEスコアの詳細はこちら
https://www.eiken.or.jp/eiken/result/eiken-cse_admission.html

二次試験の流れ

1 | 入室

順番がやってきたらノックをして教室に入ります。入室したら、まず面接官に対して

Hello.（こんにちは。）や

Good morning.（おはようございます。）

と笑顔で挨拶をしましょう。その後、

Can I have your card, please?

（あなたのカードをいただけますか。）

と面接官から指示されるので、

Here you are.（どうぞ。）

と言いながら「面接カード」を手渡します。

面接官に

Please have a seat.

（お座りください。）

と指示されたら、

Thank you.（ありがとうございます。）

と応じて、着席しましょう。

2 | 名前と受験級の確認

着席した後、面接官に

May I have your name?

（お名前は何ですか。）

と名前を尋ねられるので、

My name is ～.（私の名前は～です。）

で答えましょう。また、そのときに

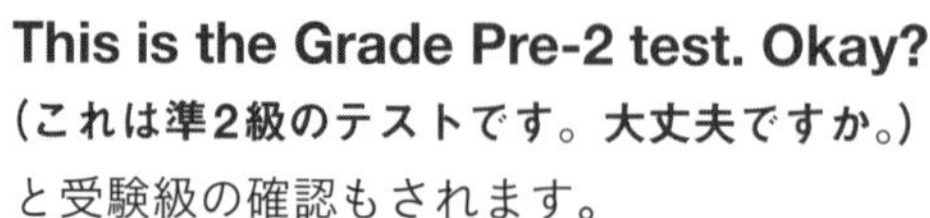

This is the Grade Pre-2 test. Okay?

（これは準2級のテストです。大丈夫ですか。）

と受験級の確認もされます。

名前と受験級の確認が終わると、

How are you?（調子はどうですか。）

などの質問（簡単な挨拶）をされる場合もあるので、落ち着いて

I'm good.（私は元気です。）

などと応じましょう。

3 | パッセージの黙読

面接官から、「問題カード」を1枚渡されるので、

Thank you.（ありがとうございます。）

と言って受け取りましょう。

Please read the passage silently for twenty seconds.

（20秒間、パッセージを声に出さずに読んでください。）

と指示されたら、「問題カード」のパッセージを20秒間で黙読します。

4 | パッセージの音読

20秒後、

Now, please read it aloud.

（では、声に出してパッセージを読んでください。）

と指示されたら、「問題カード」のパッセージを音読します。速く読む必要はないので、自分の読みやすいペースで落ち着いて音読しましょう。また、タイトルを読むのを忘れないようにしましょう。

音読のポイントまとめ

- □ 意味のまとまりごとに読むように意識をし、途中で不自然な間を作らないようにする。
- □ パッセージのキーワードとなりそうな重要な単語はやや強めに読む。
- □ 単語ごとのアクセントに注意をし、できるだけ正確な発音を心がける。
- □ 途中で発音がわからない単語が出てきても、止まったり、無言になったりしない。（スペルから発音を推測して読み進める。）

5 | 質問に答える

音読が終わると、パッセージとイラストについて質問されます。

1 | パッセージについての質問

「問題カード」に書かれたパッセージ(英文)の内容について、1問質問されます。

解答のポイントまとめ

- □ According to the passage, ～(パッセージによると、～)という前置きに続く、how ～やwhy ～で始まる疑問文の内容をしっかり聞き取る。
- □ パッセージの中で、疑問文の内容について書かれている部分を探す。howなら「方法」、whyなら「理由」についての記述に注目する。

2 | イラストについての質問(1)

「問題カード」のAのイラストに描かれた複数の人物について、それぞれの人が何をしているのかを説明する問題が出題されます。

解答のポイントまとめ

- □ 主語はa man、a girlなどのように、冠詞a[an]を付ける。
- □ 2人の人物が同じ動作をしているときはTwo ...「2人の…」を主語にする。
- □ 〈be動詞＋動詞のing形〉で表す現在進行形を使う。

3 | イラストについての質問(2)

「問題カード」のBのイラストに描かれた人物について、状況を説明する問題が出題されます。

解答のポイントまとめ

- □ 吹き出しの中を見て、人物が考えていることを確認する。
- □ 因果関係を表す接続詞のsoやbecauseを使って答える。
- □ イラストの人物に合わせて、主語はheやsheなどの代名詞を使う。

4 | 受験者の意見を問う質問(1)

あるテーマが与えられ、それについての受験者(あなた)の意見を問う問題が、1問出題されます。問題カードを用いた問題ではないですが、多くの場合、カードのテーマと少し関連した話題が問われます。

解答のポイントまとめ

- ▢ この問題からは問題カードに関係のない質問なので、面接官の方を見て答えるようにする。
- ▢ Do you think ～?(あなたは～と思いますか)のようにテーマの設定と質問がされるので、まずYes.かNo.で自分の意見を明確にする。
- ▢ Yes./No.で答えたあとに、Why?/Why not?と理由を聞かれるので、自分の意見についての理由や具体例を2文程度で示す。

5 | 受験者の意見を問う質問(2)

あるテーマが与えられ、それについての受験者(あなた)の意見を問う問題が、1問出題されます。多くの場合、問題カードとは直接関係のない、社会問題などのテーマが問われます。

解答のポイントまとめ

- ▢ Today[These days], ... Do you think ～?(今日では[最近では]…です。あなたは～と思いますか)のようにテーマの設定と質問がされるので、まずYes.かNo.で自分の意見を明確にする。
- ▢ Yes./No.で答えたあとに、Please tell me more.(もっと私に話してください)またはWhy not?(なぜですか)という追加の質問がされるので、自分の意見についての理由や具体例を2文程度で示す。

6 | 問題カードの返却

質問が終わると、面接官から

May I have the card back, please?

(カードを返していただけますか。)

と「問題カード」を返すように指示されます。

Here you are.(どうぞ。)

などと言って「問題カード」を返却しましょう。

退室を指示されたら、

Thank you very much.(ありがとうございました。)

などとお礼を述べ、

Goodbye.(さようなら。)

と別れの挨拶をしてから退室しましょう。

英検S-CBTについて

英検S-CBTとは?

英検(従来型)は一次試験、二次試験と2日間の試験ですが、英検S-CBTでは、スピーキング、リスニング、リーディング、ライティングを1日で測ることができます。英検(従来型)との併願も可能で、原則毎週実施されている試験です。
(*級や地域により毎週実施でない場合があります。)

※英検S-CBTは、英検(従来型)と同様の級・スコアとして扱われます。

実施方法

【スピーキング】
ヘッドセットを装着し解答を録音する吹込み式です。
【リーディング・リスニング】
PC(コンピューター)画面上でマウス操作することで解答します。
【ライティング】
申込手続の際に以下の2つの解答方式から選択することができます。
筆記型:PC画面の問題を読み、手書きで解答用紙に記入します。
タイピング型:PC画面の問題を読み、キーボードで入力します。

実施級

準1級、2級、準2級、3級　※1級、4級、5級を受験希望の方は、英検(従来型)でご受験ください。

受験対象者

各級とも年齢・職業・学歴などは問いません。
ただし、PCの基本的な操作(マウスクリック等)ができることが必要です。

※11歳未満の年少者が受験する場合は、保護者が英検S-CBT受験規約および英検ウェブサイト上の受験上の案内や注意事項を確認のうえ、受験が可能かどうかを判断してお申し込みください。

英検S-CBTの詳細・お申し込みはこちらから
https://www.eiken.or.jp/s-cbt/

Day 1

Cycling
（サイクリング）

Day1 問題カード

Cycling

These days, people are interested in how to live healthier. Cycling is one of the most popular activities. People can explore the areas and enjoy local sights, and by doing so they can relax and have fun. Jumping on a bike and cycling with children or friends is becoming more popular.

A

B

面接の流れを振り返ろう

左の二次元コードから動画を見ながら、
面接の一連の流れをおさらいしましょう。

1 | パッセージを読む

Please read the passage silently for twenty seconds.
20秒間、パッセージを声に出さずに読んでください。
Now, please read it aloud.
では、声に出してパッセージを読んでください。

パッセージの英文

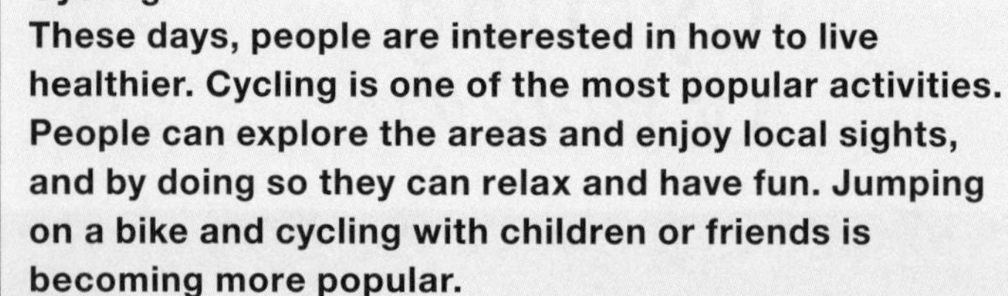

Cycling
These days, people are interested in how to live healthier. Cycling is one of the most popular activities. People can explore the areas and enjoy local sights, and by doing so they can relax and have fun. Jumping on a bike and cycling with children or friends is becoming more popular.

2 | パッセージについて答える

According to the passage, how can people relax and have fun?
パッセージによると、人々はどのようにしてリラックスして楽しむことができるのですか。

解答例

By exploring the areas and enjoying local sights.
地域を探索し、地元の名所を楽しむことによってです。

3 | イラストについて答える(1)

Now, please look at the people in Picture A. They are doing different things. Tell me as much as you can about what they are doing.

では、Aのイラストの人々を見てください。彼らは異なることをしています。彼らがしていることについて、なるべくたくさん私に説明してください。

解答例

A man is carrying a box.

男性が箱を運んでいます。

A girl is listening to music.

女の子が音楽を聞いています。

A woman is planting flowers.

女性が花を植えています。

A boy is walking his dog.

男の子が犬を散歩させています。

A boy is riding a bicycle.

男の子が自転車に乗っています。

4 | イラストについて答える(2)

Now, look at the boy in Picture B. Please describe the situation.

では、Bのイラストの男の子を見てください。状況を説明してください。

解答例

He can't play baseball because the gate to the field is locked.

球場への門が施錠されているので、彼は野球をすることができません。

5 | 自分のことについて答える(1)

Do you think it is a good idea to use public transportation more?

もっと公共交通機関を利用することはいい考えだと思いますか。

Yes. はい。

Why?
なぜですか。

解答例

Most public transportation fares are cheaper than driving a car. Also, there are usually discounted fares for students.
ほとんどの公共交通機関の料金は車を運転するより安いです。また、学生には普通、料金の割引があります。

No. いいえ。

Why not?
なぜですか。

解答例

Buses and trains are often delayed. Also, public transportation is crowded especially when people go to school and work.
バスや電車はよく遅れます。また、公共交通機関は人々が学校や仕事に行くときは特に混雑しています。

6 | 自分のことについて答える(2)

These days, many people enjoy playing online games. Do you like to play online games?
最近、オンラインゲームを楽しむ人が多くいます。あなたはオンラインゲームをすることが好きですか。

Yes. はい。

Please tell me more.
もっと私に話してください。

解答例

They're very exciting. Also, I can play them with a lot of people around the world.
それらはとてもワクワクします。また、世界中の多くの人々と一緒にゲームをすることができます。

No. いいえ。

Why not?
なぜですか。

解答例

I prefer to play baseball with my friends. Also, I like to be outside.
私は友達と野球をする方が好きです。また、屋外にいることが好きです。

それぞれの問題を理解しよう

問題ひとつひとつの理解を深めましょう。スピーキングアイコンがついている箇所は、アプリ「my-oto-mo」で発音判定ができます。

1 | パッセージを読む

Please read the passage silently for twenty seconds.
20秒間、パッセージを声に出さずに読んでください。
Now, please read it aloud.
では、声に出してパッセージを読んでください。

Cycling
Cyclingは Cyにアクセント

These days,／people are interested in／how to live healthier (↘).
live healthierをやや強く読む

Cycling is one of the most popular activities (↘).
popularを強調する

People can explore the areas／and enjoy local sights,／
localは「ローコゥ」に近い発音

and by doing so (↗)／they can relax and have fun (↘).
soは上がり調子で読み、少し間を置く

Jumping on a bike／and cycling with children or friends／
friendsのfは前歯と下唇が擦れる音

is becoming more popular (↘).

訳
サイクリング
このごろ、人々はより健康に暮らす方法に興味を持っています。サイクリングは最も人気のある活動の1つです。人々は地域を探索して地元の名所を楽しむことができ、そうすることで、リラックスして楽しむことができます。自転車に飛び乗って、子どもたちや友達と一緒にサイクリングすることがますます人気を集めています。

□**cycling** — サイクリング　□***be* interested in 〜** — 〜に興味がある　□**healthy** — 健康な
□**explore** — 〜を探索する　□**local** — 地元の　□**sight** — 名所　□**have fun** — 楽しむ
□**jump on 〜** — 〜に飛び乗る

健康的な暮らしへの関心の高まりと、それに伴うサイクリングの人気について書かれているね。

音読のポイント
タイトルのCyclingは日本語と同じく「サイクリング」と読みますが、英語では「サイ」の部分を強く読みます。このパッセージで一番重要なのは、2文目の「サイクリングは最も人気のある活動の1つ」という内容。popularを強調して読みましょう。3文目のby doing soのsoは上がり調子で読み、少し間を置きます。

2｜パッセージについて答える

According to the passage, how can people relax and have fun?
パッセージによると、人々はどのようにしてリラックスして楽しむことができるのですか。

解答例
By exploring the areas and enjoying local sights.
地域を探索し、地元の名所を楽しむことによってです。

解答のポイント
面接官の質問に含まれている表現を、パッセージから探しましょう。3文目の後半にthey can relax and have fun「彼らはリラックスして楽しむことができる」と書かれています。この代名詞theyは、面接官の質問のpeopleに当たります。その直前にある by doing so「そうすることで」のdoing soは、3文目前半のPeople can explore the areas and enjoy local sightsを指しているので、この部分が答えになります。質問はhow 〜 ?「どのようにして〜か」と聞いているので、by *doing*「〜することによって」という形で答えるようにしましょう。

3 | イラストについて答える(1)

公園のイラストだね。誰が何をしているのか、一人一人の動作を表す表現をできる限りたくさん考えてみよう。

Now, please look at the people in Picture A. They are doing different things. Tell me as much as you can about what they are doing.

では、Aのイラストの人々を見てください。彼らは異なることをしています。彼らがしていることについて、なるべくたくさん私に説明してください。

解答例 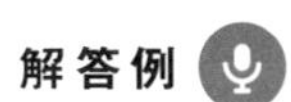

A man is carrying a box. 男性が箱を運んでいます。
A girl is listening to music. 女の子が音楽を聞いています。
A woman is planting flowers. 女性が花を植えています。
A boy is walking his dog. 男の子が犬を散歩させています。
A boy is riding a bicycle. 男の子が自転車に乗っています。

□**carry** — ～を運ぶ　□**plant** — ～を植える　□**walk *one's* dog** — (人の)犬を散歩させる
□**ride** — ～に乗る

解答のポイント

イラストの様子を描写する場合には、現在進行形〈be動詞＋動詞のing形〉の文で「～している」と答えます。左上の「男性が箱を運んでいる」様子は、「男性が箱を抱えている」と考えてA man is holding a box.と表現することもできます。boxの代わりにpackage「荷物」という単語を使ってもよいでしょう。左下の女性の「花を植えている」という表現が思いつかなければ、A woman is taking care of flowers.「女性が花の世話をしています」と言うこともできます。take care of ～で「～の世話をする」という意味です。もっと単純にA woman is looking at flowers.「女性が花を見ています」と言うこともできます。また、flower「花」は、より大きな括りでplant「植物」と表現することもできます。犬の散歩をしている男の子の動作は、walk one's dog「(人の)犬を散歩させる」という表現を使いましょう。walkには「歩く」という意味の他に、「～を散歩させる」という意味もあります。

4 | イラストについて答える(2)

男の子は野球のユニフォーム姿でバットを持っているね。吹き出しに描かれているのは、男の子が考えていることだよ。

Now, look at the boy in Picture B. Please describe the situation.

では、Bのイラストの男の子を見てください。状況を説明してください。

He can't play baseball because the gate to the field is locked.

球場への門が施錠されているので、彼は野球をすることができません。

□**play baseball** — 野球をする　□**gate** — 門　□**field** — 球場　□**lock** — ～に鍵をかける

解答のポイント

「男の子は野球をすることができない」という結果と、「球場への門に鍵がかかっている」という原因の2点を述べます。解答例は接続詞becauseを使って、[結果→because→原因]という流れになっています。「鍵がかかっている」は*be* lockedで表現できます。接続詞so「～なので」を使って、[原因→so→結果]という順序にしてもよいでしょう。

5 | 自分のことについて答える(1)

Do you think it is a good idea to use public transportation more?
もっと公共交通機関を利用することはいい考えだと思いますか。

Yes.(はい)の場合

Why? なぜですか。

解答例

Most public transportation fares are cheaper than driving a car. Also, there are usually discounted fares for students.
ほとんどの公共交通機関の料金は車を運転するより安いです。また、学生には普通、料金の割引があります。

□**public transportation** ― 公共交通機関 □**fare** ― 料金 □**cheap** ― 安い
□**discount** ― ～を割引する

解答のポイント

面接官は、「もっと公共交通機関を利用することはいい考えだと思うかどうか」を尋ねています。「いい考えだと思う」と主張するYes.の解答例では、まずfare「乗車料金、運賃」が車を運転するより安いからと、比較級の文で1つ目の理由を述べています。2文目はAlso「また」という表現に続き、学割運賃があると2つ目の理由を追加したものです。

No.(いいえ)の場合

Why not? なぜですか。

解答例 

Buses and trains are often delayed. Also, public transportation is crowded especially when people go to school and work.
バスや電車はよく遅れます。また、公共交通機関は人々が学校や仕事に行くときは特に混雑しています。

□**delayed** ― 遅れた □**crowded** ― 混雑した □**especially** ― 特に

解答の
ポイント

「いい考えだと思わない」と主張するNo.の解答例では、公共交通機関の遅延の多さと混雑度合いの2点を反対の理由として挙げています。delayedは「遅れた」、crowdedは「混雑した」という意味です。2文目の後半のespecially when people go to school and work「人々が学校や仕事に行くときは特に」の部分は、2つ目の理由として挙げた混雑度合いについて、特に混雑する時間帯を補足して説明したものです。

6 | 自分のことについて答える(2)

These days, many people enjoy playing online games. Do you like to play online games?
最近、オンラインゲームを楽しむ人が多くいます。あなたはオンラインゲームをすることが好きですか。

Yes.(はい)の場合

Please tell me more. もっと私に話してください。

解答例

They're very exciting. Also, I can play them with a lot of people around the world.
それらはとてもワクワクします。また、世界中の多くの人々と一緒にゲームをすることができます。

□ **exciting** — ワクワクさせる

解答の
ポイント

面接官は「最近、オンラインゲームを楽しむ人が多くいる」と状況を述べた後、「あなたはオンラインゲームをすることが好きかどうか」とあなた自身の意見を尋ねています。Yes.の解答例では、They're very exciting.と、ゲームはワクワクすると述べてから、Also「また」という表現に続けてI can play them with a lot of people around the world「世界中の多くの人々と一緒にゲームをすることができる」と理由を追加しています。他に、I made a lot of friends around the world through online games.「私はオンラインゲームを通じて世界中に友達をつくることができました」といった具体的な経験について述べてもよいでしょう。

No.(いいえ)の場合

Why not?　なぜですか。

解答例 

I prefer to play baseball with my friends. Also, I like to be outside.

私は友達と野球をする方が好きです。また、屋外にいることが好きです。

□**prefer to *do*** ── ～する方を好む　□**play baseball** ── 野球をする　□**outside** ── 屋外に

解答のポイント

No.の解答例では、prefer to *do*「～する方を好む」を用いて、友達と野球をする方が(オンラインゲームをするよりも)好きだからと1つ目の理由を述べています。その後、Also「また」を使って、I like to be outside「屋外にいることが好き」と2つの理由を提示しています。1文目は、I prefer to play baseball with my friends rather than playing online games.「私はオンラインゲームをするよりも、むしろ友達と野球をする方が好きだからです」と答えてもよいでしょう。prefer to *do* ～ rather than *doing* ...で「…するよりも、むしろ～する方が好き」という意味を表すことができます。

差がつくポイント！

面接試験で注意すべきこと

1｜聞き取れなかったらすぐに聞き返す

面接官の発話や質問が聞き取れなかった場合は、間をあけずにすぐに聞き返すことが大切です。「今、何と言ったのだろう…」などと考え込んでしばらく黙ってしまうと、あなたが英語を理解できずに黙ってしまったと見なされ、採点基準の1つである「アティチュード」の得点が低くなってしまいます。
少しでも分からない部分があったら、遠慮せずその場で聞き返すようにしましょう。聞き返す際は次のような表現が使えます。

- Pardon?
  「何とおっしゃいましたか」
- What did you say?
  「何とおっしゃいましたか」
- Excuse me? I didn't catch that.
  「すみません、聞き取れませんでした」
- Could you say that again, please?
  「もう一度言っていただけますか」

ただし、聞き返す頻度には注意が必要です。何回も聞き返していると「英語の聞き取りができない」と判断されてしまう可能性もあるため、あまりにも頻繁にはならないように気を付けましょう。

2｜難しい英語は言い換える

表現したいことにピッタリな英語がすぐに思い付かない場合は、簡単な英語に言い換えましょう。準2級の試験だからといって、必ずしも準2級レベルの単語や表現を使って答えなければならないということはありません。何よりも大切なのは、自分の知っている単語や表現を使って話すことです。

例えば、feed a dog「犬に餌をやる」という表現がすぐに思い付かなかった場合、
- feed a dog → take care of a dog / give a dog some food

のように、take care of ～「～の世話をする」や give *A B*「AにBをあげる」といった別の表現を使って言い換えることができます。

もし、言い換えるための表現を探すのに少し時間がかかりそうであれば、
- Well ...　「ええと…」
- Let me see ...　「ええと…」
- I mean ...　「ええと…、つまり…」

などのフレーズを使って間を埋めましょう。できるだけ、単語や表現を考えている間に沈黙してしまうことがないように気を付けましょう。

Day 2

Pet Care Service
（ペットケアサービス）

Day2 問題カード

Pet Care Service

Today, many people love to have pets. For those who are too busy to look after their pets, there is a special service called a pet sitting service. Members of the service can ask the staff to take care of their pets, and in this way, they can keep pets without difficulty.

A

B

面接の流れを振り返ろう

左の二次元コードから動画を見ながら、
面接の一連の流れをおさらいしましょう。

1 | パッセージを読む

Please read the passage silently for twenty seconds.
20秒間、パッセージを声に出さずに読んでください。
Now, please read it aloud.
では、声に出してパッセージを読んでください。

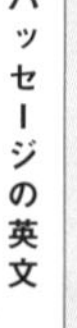

パッセージの英文

Pet Care Service
Today, many people love to have pets. For those who are too busy to look after their pets, there is a special service called a pet sitting service. Members of the service can ask the staff to take care of their pets, and in this way, they can keep pets without difficulty.

2 | パッセージについて答える

According to the passage, how can members of the service keep pets without difficulty?
パッセージによると、そのサービスの会員はどのようにして容易にペットを飼うことができるのですか。

解答例

By asking the staff to take care of their pets.
ペットの世話をするようスタッフに頼むことによってです。

3｜イラストについて答える（1）

Now, please look at the people in Picture A. They are doing different things. Tell me as much as you can about what they are doing.

では、Aのイラストの人々を見てください。彼らは異なることをしています。彼らがしていることについて、なるべくたくさん私に説明してください。

解答例

A woman is putting a poster on a wall.
女性がポスターを壁に貼っています。

A man is opening a curtain.
男性がカーテンを開けています。

A boy is feeding a dog.
男の子が犬に餌をやっています。

A girl is writing a letter.
女の子が手紙を書いています。

A girl is holding a box.
女の子が箱を持っています。

4｜イラストについて答える（2）

Now, look at the boy in Picture B. Please describe the situation.

では、Bのイラストの男の子を見てください。状況を説明してください。

解答例

He wants to buy the dog, but his father thinks it's too big for him to take care of.

彼は犬を飼いたいのですが、それは彼が世話をするには大き過ぎると父親は思っています。

5｜自分のことについて答える（1）

Do you think having a pet will be more popular in the future?

将来、ペットを飼うことはより人気になると思いますか。

Yes. はい。

Why?
なぜですか。

解答例

I think pets help people in many ways. For example, they prevent people from feeling lonely.
私はペットが多くの点で人々を助けると思います。例えば、ペットは人々が寂しく思うことを防ぎます。

No. いいえ。

Why not?
なぜですか。

解答例

It costs a lot of money to keep pets. Also, the loss of a pet can be very shocking.
ペットを飼うことは多くのお金がかかります。また、ペットを失うのはとてもショッキングな場合があります。

6 | 自分のことについて答える(2)

Many people go to the library to study. Do you like to study in the library?
多くの人々が勉強をするために図書館に行きます。あなたは図書館で勉強することが好きですか。

Yes. はい。

Please tell me more.
もっと私に話してください。

解答例

I can concentrate on studying at the library. Also, I can find a lot of interesting books there.
私は図書館では勉強に集中することができます。また、そこでは多くの面白い本を見つけることができます。

No. いいえ。

Why not?
なぜですか。

解答例

I can't concentrate when I'm surrounded by other people. I prefer to study alone in my room.
私は他の人に囲まれていると集中できません。私は自分の部屋で、一人で勉強する方が好きです。

それぞれの問題を理解しよう

問題ひとつひとつの理解を深めましょう。スピーキングアイコンがついている箇所は、アプリ「my-oto-mo」で発音判定ができます。

1 | パッセージを読む

Please read the passage silently for twenty seconds.
20秒間、パッセージを声に出さずに読んでください。
Now, please read it aloud.
では、声に出してパッセージを読んでください。

Pet Care Service
Petのtは弱く発音

Today,／many people love to have pets (↘).
petsを強く読む

For those／who are too busy to look after their pets,／
too busyをやや強く

there is a special service called a pet sitting service (↘).
pet sitting serviceを強調して読む

Members of the service／can ask the staff／
can askはつなげて発音する

to take care of their pets,／

and in this way,／they can keep pets／without difficulty (↘).
in this wayを一息で読んでから少し間を置く

訳
ペットケアサービス
今日では、ペットを飼うことが大好きな人は多いです。忙しすぎてペットの面倒を見ることができない人のために、ペットシッターサービスと呼ばれる特別なサービスがあります。そのサービスの会員はペットの世話をするようスタッフに頼むことができ、このようにして、容易にペットを飼うことができます。

□**love to *do***— ～することが大好きである　□**those who ～**— ～する人々
□**too ... to *do***— ～するには…すぎる、…すぎて～することができない
□**look after ～**— ～の面倒を見る　□**take care of ～**— ～の世話をする
□**without difficulty**— 容易に

忙しい人でもペットを飼いやすいようサポートするサービスが紹介されているね。

音読のポイント

タイトルのPetは日本語と同じように「ペット」と読むのではなく、最後のtは弱く発音することがコツです。このパッセージで一番重要なのは、2文目の内容。前半はtoo busy、後半はpet sitting serviceを強く読みます。3文目はin this wayを一息で読み、その後ろで少し間を置くようにしましょう。

2 | パッセージについて答える

According to the passage, how can members of the service keep pets without difficulty?

パッセージによると、そのサービスの会員はどのようにして容易にペットを飼うことができるのですか。

解答例

By asking the staff to take care of their pets.

ペットの世話をするようスタッフに頼むことによってです。

解答のポイント

面接官の質問に含まれている表現をパッセージから探すと、3文目の後半にthey can keep pets without difficultyと書かれています。この代名詞theyは、面接官の質問ではmembers of the serviceに置き換えられています。その直前にあるin this way「このようにして」のthis wayは、3文目の前半のMembers of the service can ask the staff to take care of their petsを指しているので、この部分が答えになります。質問はhow ～？「どのようにして～か」と聞いているので、答えるときはby *doing*「～することによって」から文を始めることがポイントです。

3 | イラストについて答える(1)

部屋の中のイラストだね。それぞれの人が持っている物にも注目しよう。

Now, please look at the people in Picture A. They are doing different things. Tell me as much as you can about what they are doing.

では、Aのイラストの人々を見てください。彼らは異なることをしています。彼らがしていることについて、なるべくたくさん私に説明してください。

解答例

A woman is putting a poster on a wall.
女性がポスターを壁に貼っています。
A man is opening a curtain. 男性がカーテンを開けています。
A boy is feeding a dog. 男の子が犬に餌をやっています。
A girl is writing a letter. 女の子が手紙を書いています。
A girl is holding a box. 女の子が箱を持っています。

□**poster** — ポスター　□**curtain** — カーテン　□**feed** — ～に餌をやる　□**hold** — ～を持つ

解答のポイント

「誰が何をしているところなのか」を尋ねられているので、「今～している、～しているところだ」という意味を表す現在進行形〈be動詞＋動詞のing形〉の文で答えます。左上の女性の「ポスターを壁に貼る」という動作は、put ～ on a wall「～を壁に貼る」という表現を使います。奥にいる男性の動作は「カーテンをつかんでいる」と考えて、A man is holding a curtain.としてもよいです。右下の男の子のfeed a dog「犬に餌をやる」という表現が思いつかなければ、A boy is taking care of a dog.「男の子が犬の世話をしています」とすることもできます。真ん中の女の子の動作はwrite a letter「手紙を書く」を使って説明しましょう。解答例の他に、A girl is sitting at a table.「女の子がテーブルに座っています」や、A girl is holding a pencil.「女の子が鉛筆を持っています」などと言うことも可能です。左下の女の子の動作はcarry a box「箱を運ぶ」という表現を使うこともできます。

4 | イラストについて答える（2）

犬を見ている親子の様子が描かれているね。父親の表情や吹き出し内のイラストに着目して、父親が心配していることを想像しよう。

Now, look at the boy in Picture B. Please describe the situation.

では、Bのイラストの男の子を見てください。状況を説明してください。

解答例 

He wants to buy the dog, but his father thinks it's too big for him to take care of.

彼は犬を飼いたいのですが、それは彼が世話をするには大き過ぎると父親は思っています。

□**want to *do*** ― ～したい　□**too ... to *do*** ― ～するには…すぎる、…すぎて～することができない
□**take care of ～** ― ～の世話をする

解答のポイント

「男の子が犬を買いたがっている」ということと、「父親はその犬が彼には大きすぎると思っている」という2点を述べます。この2点は対立する内容になっているので、接続詞but「～だが」を使ってつなげます。前半の内容はHe wants to get the dogとしてもよいでしょう。また、後半はtake ～ for a walk「～を散歩に連れていく」という表現を使って、it's too big for him to take for a walk「それは彼が散歩に連れていくには大きすぎる」と言うこともできます。

5 | 自分のことについて答える（1）

Do you think having a pet will be more popular in the future?
将来、ペットを飼うことはより人気になると思いますか。

Yes.（はい）の場合

Why? なぜですか。

解答例

I think pets help people in many ways. For example, they prevent people from feeling lonely.
私はペットが多くの点で人々を助けると思います。例えば、ペットは人々が寂しく思うことを防ぎます。

□**in many ways** ― 多くの点で　□**prevent *A* from *doing*** ― Aが～することを防ぐ
□**lonely** ― 寂しい

解答のポイント

面接官は、「将来、ペットを飼うことがより人気になると思うかどうか」を尋ねています。Yes.の解答例では、「多くの点で人々を助けると思うから」と理由をまず述べてから、For example「例えば」を使用して具体例を挙げています。2文目のprevent *A* from *doing*は「Aが～することを防ぐ」という表現ですが、keep *A* from *doing*でも同じ意味を表すことができます。

No.（いいえ）の場合

Why not? なぜですか。

解答例 

It costs a lot of money to keep pets. Also, the loss of a pet can be very shocking.
ペットを飼うことは多くのお金がかかります。また、ペットを失うのはとてもショッキングな場合があります。

□**cost** ― （費用）がかかる　□**loss** ― 失うこと　□**shocking** ― ショッキングな

解答のポイント

No.の解答例ではまず、It costs a lot of money to keep pets.と、ペットを飼う費用の高さを1つ目の理由として述べています。〈It costs＋費用＋to *do*〉で、「〜するのに費用がかかる」という意味を表すことができます。2文目は、Also「また」という表現を使って、ペットを失ったときのつらさを2つ目の理由として追加で述べたものです。

6 | 自分のことについて答える（2）

Many people go to the library to study. Do you like to study in the library?

多くの人々が勉強をするために図書館に行きます。あなたは図書館で勉強することが好きですか。

Yes.（はい）の場合

Please tell me more. もっと私に話してください。

解答例

I can concentrate on studying at the library. Also, I can find a lot of interesting books there.

私は図書館では勉強に集中することができます。また、そこでは多くの面白い本を見つけることができます。

□**library** — 図書館　□**concentrate on 〜** — 〜に集中する　□**interesting** — 面白い

解答のポイント

面接官は、「多くの人々が勉強をするために図書館に行く」と述べた後、「あなたは図書館で勉強することが好きかどうか」とあなた自身の意見を尋ねています。Yes.の解答例では、図書館では勉強に集中できることと、面白い本がたくさん見つかることの2点を理由としています。Also「また」という表現はこのように、理由を2点挙げたいときに使うことができます。concentrate on 〜で「〜に集中する」という意味です。

No.(いいえ)の場合

Why not? なぜですか。

解答例

I can't concentrate when I'm surrounded by other people. I prefer to study alone in my room.
私は他の人に囲まれていると集中できません。私は自分の部屋で、一人で勉強する方が好きです。

□**concentrate** ― 集中する　□**surround** ― ～を取り囲む
□**prefer to *do*** ― ～する方を好む

解答のポイント

No.の解答例では、「他人に囲まれていると集中できない」という点を理由に挙げています。*be* surrounded by ～で「～に囲まれる」という意味です。2文目はこれを受けて「自分の部屋で、一人で勉強する方が好き」と、1文目の理由に対する補足説明を加えています。prefer to *do*は「～する方を好む」という意味で、図書館で勉強することと自分の部屋で勉強することを比較しています。

差がつくポイント!

パッセージ音読のコツ

1 | 適切に区切って発話する

最初から最後まで一息で発話するのではなく、意味の切れ目やセンテンスの切れ目で一呼吸置くようにして発話すると、話にメリハリをつけることができ、意味が伝わりやすくなります。また、しっかり意味を理解してナレーションしているということを面接官にアピールすることもできます。意味を意識しながら、次に挙げる場所で区切って発話しましょう。

- 時や場所を表す語句の前後:These days、in the future、at their homeなど
- 接続詞の前後:and、while、soなど
- 修飾語句の直前:現在分詞や過去分詞、関係代名詞の前
- 文の前後

2 | 適切に強弱をつけて発話する

強勢を置いて発話する単語と、そうでない単語を区別して読むことで、より聞き取りやすい英語を話すことができます。基本的に、文の中で意味をもつ語(名詞、動詞など)は強く読み、それ以外の語(冠詞、前置詞など)は弱く読みましょう。前者を内容語、後者を機能語と言います。内容語と機能語に当てはまるものの例は、それぞれ次の通りです。

- 強く読む語:内容語(伝えたい意味に関わる語)
  例　名詞、動詞、形容詞、副詞、疑問詞など
- 弱く読む語:機能語(文構造を示す語)
  例　冠詞、前置詞、be動詞、助動詞、代名詞など

ただし、強弱をつけると言っても、極端に声のボリュームを上下させる必要はありません。気持ち弱め(強め)に読むだけでOKです。
実際に声に出してみると分かると思いますが、英語は強弱の繰り返しで成り立っています。このリズムは日本語にはないものなので、日頃から強弱を意識して英語のリズムに慣れておけば、試験のときに初めて見る英文でも、自然に強弱をつけて読むことができるようになります。

面接本番では、音読を始める前に与えられる20秒間でパッセージの内容を理解し、区切り、強弱をどうつけるかを考えておきましょう。

Day 3

Flea Market Application
（フリーマーケットアプリケーション）

Day3 問題カード

Flea Market Application

Today, smartphone applications for selling things are available and becoming more common. People can sell things that they think are not necessary anymore, and by doing so they can get money with flea market applications. This type of application is expected to be more popular in the future.

A

B

面接の流れを振り返ろう

左の二次元コードから動画を見ながら、
面接の一連の流れをおさらいしましょう。

1｜パッセージを読む

Please read the passage silently for twenty seconds.
20秒間、パッセージを声に出さずに読んでください。

Now, please read it aloud.
では、声に出してパッセージを読んでください。

パッセージの英文

Flea Market Application
Today, smartphone applications for selling things are available and becoming more common. People can sell things that they think are not necessary anymore, and by doing so they can get money with flea market applications. This type of application is expected to be more popular in the future.

2｜パッセージについて答える

According to the passage, how can people get money with flea market applications?
パッセージによると、人々はどのようにしてフリーマーケットアプリケーションでお金を得ることができますか。

解答例

By selling things that they think are not necessary anymore.
もう必要がないと思う物を売ることによってです。

3｜イラストについて答える（1）

Now, please look at the people in Picture A. They are doing different things. Tell me as much as you can about what they are doing.

では、Aのイラストの人々を見てください。彼らは異なることをしています。彼らがしていることについて、なるべくたくさん私に説明してください。

解答例

A woman is reading a book on the sofa.
女性がソファで本を読んでいます。

A boy is using a computer.
男の子がコンピューターを使っています。

A boy is cutting a piece of paper.
男の子が1枚の紙を切っています。

A man is putting on his jacket.
男性が上着を着ています。

A girl is looking at a clock.
女の子が時計を見ています。

4｜イラストについて答える（2）

Now, look at the man in Picture B. Please describe the situation.

では、Bのイラストの男性を見てください。状況を説明してください。

解答例

He can't use the computer because it's broken.
コンピューターが壊れているので、彼はそれを使えません。

5｜自分のことについて答える（1）

Do you think more people will shop online in the future?

将来、より多くの人々がオンラインで買い物をすると思いますか。

Yes. はい。

Why?
なぜですか。

解答例

Shopping online is very convenient. People can save time with online shopping because they don't need to go to stores.
オンラインで買い物をすることはとても便利です。人々は店に行く必要がないので、オンラインショッピングで時間を節約することができます。

No. いいえ。

Why not?
なぜですか。

解答例

Online shopping can be dangerous sometimes. Also, people can spend too much with online shopping.
オンラインショッピングは、時に危険になりえます。また、人々はオンラインショッピングで浪費し過ぎてしまうことがあります。

6 | 自分のことについて答える(2)

These days, camping is becoming popular. Do you like camping?
最近、キャンプが人気を集めています。あなたはキャンプが好きですか。

Yes. はい。

Please tell me more.
もっと私に話してください。

解答例

It's fun to spend some time outside. Also, I can enjoy looking at the stars at night.
屋外で時間を過ごすのは楽しいです。また、夜には星を見るのを楽しむことができます。

No. いいえ。

Why not?
なぜですか。

解答例

I can't sleep outside. Also, the lack of toilets and many bugs make me feel very uncomfortable.
私は屋外で眠ることができません。また、トイレがないことや多くの虫がいることがとても不快です。

それぞれの問題を理解しよう

問題ひとつひとつの理解を深めましょう。スピーキングアイコンがついている箇所は、アプリ「my-oto-mo」で発音判定ができます。

1 | パッセージを読む

Please read the passage silently for twenty seconds.
20秒間、パッセージを声に出さずに読んでください。
Now, please read it aloud.
では、声に出してパッセージを読んでください。

Flea Market Application
Fleaのlは舌を上の前歯のつけ根に付ける

Today, ／

smartphone applications for selling things are available ／
selling thingsをやや強く読む

and becoming more common (↘)**.**
commonのcoは「カ」という音

People can sell things ／

that they think are not necessary anymore, ／
not necessaryを強調する

and by doing so (↗) ／ **they can get money** ／
soは上がり調子で読み、一呼吸置く

with flea market applications (↘)**.**

This type of application is expected to be more popular ／

in the future (↘)**.**
in the futureはひとまとまりで読む

訳

フリーマーケットアプリケーション
今日では、物を売るためのスマートフォン用のアプリケーションが利用可能であり、より一般的になってきています。人々はもう必要がないと思う物を売ることができ、そうすることで、フリーマーケットアプリケーションでお金を得ることができます。この種類のアプリケーションは、将来もっと人気になることが予想されています。

□**flea market** — フリーマーケット、のみの市 □**application** — アプリケーション、アプリ
□**sell** — ～を売る □**available** — 利用可能な □**common** — 一般的な
□**necessary** — 必要な □**expect *A* to be ～** — Aが～になると予想する

不要な物を売ることができる、スマートフォン用のアプリケーションについて書かれているね。

音読のポイント

タイトルのFleaのlは、舌を上の前歯のつけ根に付けた状態から、舌を離して発音します。そしてタイトルに続く1文目が、このパッセージで一番重要な文。smartphone applications for selling thingsという主語は、selling thingsをやや強く読みましょう。また、2文目のby doing soのsoは、上がり調子で読むことがコツです。

2 | パッセージについて答える

According to the passage, how can people get money with flea market applications?
パッセージによると、人々はどのようにしてフリーマーケットアプリケーションでお金を得ることができますか。

解答例

By selling things that they think are not necessary anymore.
もう必要がないと思う物を売ることによってです。

解答のポイント

面接官の質問に含まれている表現は、パッセージの2文目の後半にthey can get money with flea market applicationsと書かれています。面接官の質問では、この代名詞theyをpeopleと表現しています。その直前にあるby doing so「そのようにして」のdoing soは、さらにその前のPeople can sell things that they think are not necessary anymoreを指しているので、この部分が答えになります。質問はhow ～?「どのようにして～か」と聞いているので、答えるときはby *doing*「～することによってです」という形を使いましょう。

3 イラストについて答える(1)

室内のイラストだね。手に持っている物や、使っている物などに着目しながら、それぞれの人物の動作を確認しよう。

Now, please look at the people in Picture A. They are doing different things. Tell me as much as you can about what they are doing.

では、Aのイラストの人々を見てください。彼らは異なることをしています。彼らがしていることについて、なるべくたくさん私に説明してください。

解答例

A woman is reading a book on the sofa.
女性がソファで本を読んでいます。

A boy is using a computer.
男の子がコンピューターを使っています。

A boy is cutting a piece of paper.
男の子が1枚の紙を切っています。

A man is putting on his jacket.
男性が上着を着ています。

A girl is looking at a clock.
女の子が時計を見ています。

□ **computer** — コンピューター　□ **a piece of ～** — 1枚の～　□ **put on ～** — ～を着る
□ **jacket** — ジャケット、上着　□ **clock** — 掛け時計

解答のポイント

「今～している、～しているところだ」という意味を表す、現在進行形〈be動詞＋動詞のing形〉の文で答えます。ソファで本を読んでいる女性は、read a book「本を読む」、on the sofa「ソファで」という表現を使って描写しましょう。右下の男の子の動作は解答例の他に、looking at a PC monitor「PCの画面を見ている」、typing on a keyboard「キーボードで入力している」と表現することも可能です。真ん中のテーブルに座っている男の子が手に持っている「1枚の紙」はa piece of paperと言います。またはscissors「はさみ」に言及して、using scissors「はさみを使っている」と言うこともできます。イラスト中央の男性の動作は、put on ～「～を着る」で表現できます。あるいは、take off ～「～を脱ぐ」という表現を使ってもよいでしょう。奥にいる女の子が見ているのは「掛け時計」なので、clockという単語を使いましょう。watchは「腕時計」を指すので、このイラストには適しません。

4 | イラストについて答える(2)

吹き出しの中は男性が思っていることを表しているよ。男性の表情を見ると困っている様子なので、その原因が何なのかを考えよう。

Now, look at the man in Picture B. Please describe the situation.

では、Bのイラストの男性を見てください。状況を説明してください。

解答例

He can't use the computer because it's broken.

コンピューターが壊れているので、彼はそれを使えません。

□**computer** ― コンピューター　□**broken** ― 壊れた

音読のポイント

「男性がコンピューターを使えない」という結果と、「コンピューターが壊れている」という原因の2点を述べます。解答例は接続詞becauseを使って、[結果→because→原因]という流れで説明しています。接続詞so「～なので」を使って[原因→so→結果]という順序にしてもよいでしょう。「～が壊れている」は*be* brokenと表現します。

5 | 自分のことについて答える(1)

Do you think more people will shop online in the future?
将来、より多くの人々がオンラインで買い物をすると思いますか。

Yes.(はい)の場合

Why? なぜですか。

解答例

Shopping online is very convenient. People can save time with online shopping because they don't need to go to stores.
オンラインで買い物をすることはとても便利です。人々は店に行く必要がないので、オンラインショッピングで時間を節約することができます。

□**online** ── オンラインで　□**convenient** ── 便利な　□**save time** ── 時間を節約する
□**need to *do*** ── ～する必要がある

解答のポイント
面接官は「将来、より多くの人々がオンラインで買い物をすると思うかどうか」を尋ねています。「すると思う」と主張するYes.の解答例では、オンラインショッピングの利便性を理由に挙げています。Shopping online「オンラインで買い物をすること」という動名詞の表現が文の主語です。2文目は、1文目で述べた理由に補足説明を加えています。オンラインショッピングが便利なのは、店舗に行く必要がなく時間を節約できるためだという主張を述べています。save time「時間を節約する」という表現を覚えておきましょう。

No.(いいえ)の場合

Why not? なぜですか。

Online shopping can be dangerous sometimes. Also, people can spend too much with online shopping.
オンラインショッピングは、時に危険になりえます。また、人々はオンラインショッピングで浪費し過ぎてしまうことがあります。

□**dangerous** ── 危険な　□**sometimes** ── 時に、時々

解答のポイント

「すると思わない」と主張するNo.の解答例では、Online shopping can be dangerousと、オンラインショッピングの危険性を1つ目の理由として述べています。その後、Also「また」に続けて、2つ目の理由を挙げています。意図せずお金を使い過ぎてしまう可能性があるという内容を、people can spend too much with online shopping「人々はオンラインショッピングで浪費し過ぎてしまうことがある」と表現しています。

6 自分のことについて答える(2)

These days, camping is becoming popular. Do you like camping?
最近、キャンプが人気を集めています。あなたはキャンプが好きですか。

Yes.(はい)の場合

Please tell me more. もっと私に話してください。

解答例

It's fun to spend some time outside. Also, I can enjoy looking at the stars at night.
屋外で時間を過ごすのは楽しいです。また、夜には星を見るのを楽しむことができます。

□***be* fun** — 楽しい □**outside** — 屋外で □**star** — 星 □**at night** — 夜に

解答のポイント

面接官は「最近、キャンプが人気を集めている」と近年の傾向を述べた後、「あなたはキャンプが好きどうか」とあなた自身の意見を尋ねています。Yes.の解答例では、屋外で過ごす楽しさと、夜空の星を見る楽しさの2点をキャンプのメリットとして挙げています。「～するのを楽しむ」はenjoy *doing*で表現します。enjoyの後ろに動詞が続く場合、to不定詞ではなく、必ず動名詞が続くことに注意しましょう。

No.（いいえ）の場合

Why not?　なぜですか。

解答例

I can't sleep outside. Also, the lack of toilets and many bugs make me feel very uncomfortable.
私は屋外で眠ることができません。また、トイレがないことや多くの虫がいることがとても不快です。

□**outside** — 屋外で　□**lack** — 欠けていること　□**toilet** — トイレ　□**bug** — 虫
□**uncomfortable** — 不快な

解答のポイント

No.の解答例ではまず、「屋外で眠ることができない」ことを1つ目の理由に述べています。2文目ではさらに、「トイレがないことや多くの虫がいること」というキャンプのデメリットを挙げ、追加の理由としています。the lack of toilets and many bugs「トイレがないことや多くの虫がいること」を主語とし、make *A do*「Aに～させる」という表現を使って、「そのことが私を不快にさせる」と表現していることがポイントです。

差がつくポイント!

パッセージに関する問題のコツ

1 | 黙読の段階でパッセージの概要をつかむ

音読問題では、最初に20秒間、パッセージを黙読した後、タイトルも含めてパッセージを全て音読します。その後、パッセージの内容に関する質問に答えます。この流れを押さえたうえで、最初に与えられる20秒間の黙読の時間では、まずはパッセージのおおまかな内容をつかんでおきましょう。

パッセージの構造は基本的に、

①テーマ/問題提起→②具体例→③結論

となっています。黙読する際は大まかでいいので、この3点の内容を押さえておきましょう。

2 | 質問の形と解答の形を知る

音読が終わるとパッセージの内容について質問されます。

- According to the passage, how can ～? → By *doing* ～.
- According to the passage, why ～? → Because ～.

質問の形はおおよそこの2種類で、「パッセージによると、どのようにして～することができるのですか」、または「パッセージによると、なぜ～ですか」というものです。
howは方法を尋ねられているので、答えるときはBy *doing* ～.「～することによってです」という形を使います。一方、whyで聞かれた場合は、Because ～.「なぜなら～だからです」と答えましょう。Becauseの後ろは、主語と動詞を含む文の形になります。

3 | パッセージ内に解答のヒントを見つける

質問されていることは必ずパッセージ内に書かれています。よって、それがどこにあるのかが分かれば、解答は簡単です。howで尋ねられているのか、それともwhyで尋ねられているのかに応じて、キーワードをパッセージから探すのがコツです。

〈howで尋ねられている場合〉
- by doing so 「そうすることで」
- in this way 「このようにして」

〈whyで尋ねられている場合〉
- so「～なので」

これらの語句の後ろにある部分が質問の内容なので、解答はこれらの語句の前にある部分を答えればOKです。

Day 4

Robot Cleaners
（ロボット掃除機）

Day4 問題カード

Robot Cleaners

Today, more and more people use robot cleaners at their home. There are a variety of them available in different stores. Robot cleaners clean rooms while people are away and save people's time. Many people like to have extra time, so they are becoming more popular.

A

B

面接の流れを振り返ろう

左の二次元コードから動画を見ながら、
面接の一連の流れをおさらいしましょう。

1 | パッセージを読む

Please read the passage silently for twenty seconds.
20秒間、パッセージを声に出さずに読んでください。
Now, please read it aloud.
では、声に出してパッセージを読んでください。

パッセージの英文

Robot Cleaners
Today, more and more people use robot cleaners at their home. There are a variety of them available in different stores. Robot cleaners clean rooms while people are away and save people's time. Many people like to have extra time, so they are becoming more popular.

2 | パッセージについて答える

According to the passage, why are robot cleaners becoming more popular?
パッセージによると、なぜロボット掃除機はますます人気を集めているのですか。

解答例

Because they clean rooms while people are away and save people's time.
人がいない間に部屋を掃除し、人の時間を節約するからです。

3 | イラストについて答える(1)

Now, please look at the people in Picture A. They are doing different things. Tell me as much as you can about what they are doing.

では、Aのイラストの人々を見てください。彼らは異なることをしています。彼らがしていることについて、なるべくたくさん私に説明してください。

解答例

A woman is counting money.
女性がお金を数えています。
A man is wrapping a box.
男性が箱を包装しています。
A man is pushing a cart.
男性がカートを押しています。
A woman is cleaning the floor.
女性が床をきれいにしています。
A woman is choosing an orange.
女性がオレンジを選んでいます。

4 | イラストについて答える(2)

Now, look at the woman in Picture B. Please describe the situation.

では、Bのイラストの女性を見てください。状況を説明してください。

解答例

She can't put the box on the shelf because it's too heavy.
重すぎるので彼女は箱を棚の上に置けません。

5 | 自分のことについて答える(1)

Do you think electric cars will be more popular in the future?

将来、電気自動車はより人気になると思いますか。

解答例

Yes. はい。

Why?
なぜですか。

An electric car is very quiet. Also, it's good for the environment.
電気自動車はとても静かです。また、環境にもいいです。

解答例

No. いいえ。

Why not?
なぜですか。

They're very expensive. Also, it takes a lot of time to recharge an electric car.
それらは値段がとても高いです。また、電気自動車を充電するには多くの時間がかかります。

6 | 自分のことについて答える(2)

Today, many people use video streaming services. Do you often use those services to watch movies?
今日、多くの人々が動画配信サービスを利用しています。あなたは映画を見るためにそれらのサービスをよく利用しますか。

解答例

Yes. はい。

Please tell me more.
もっと私に話してください。

I think they are very convenient. This is because I can watch movies on my smartphone anytime and anywhere.
それらはとても便利だと思います。なぜかと言うと、スマートフォンでいつでもどこでも映画を見ることができるからです。

解答例

No. いいえ。

Why not?
なぜですか。

This is because not all the movies I want to watch are on video streaming services. I prefer watching DVDs.
なぜかと言うと、私の見たい映画が全て動画配信サービスにあるとは限らないからです。私はDVDを見る方が好きです。

それぞれの問題を理解しよう

問題ひとつひとつの理解を深めましょう。スピーキングアイコンがついている箇所は、アプリ「my-oto-mo」で発音判定ができます。

1 パッセージを読む

Please read the passage silently for twenty seconds.
20秒間、パッセージを声に出さずに読んでください。
Now, please read it aloud.
では、声に出してパッセージを読んでください。

Robot Cleaners
Robotの最初のoは「オゥ」

Today,／more and more people use robot cleaners／
robot cleanersを強調する

at their home (↘).

There are a variety of them available／in different stores (↘).
in different storesはひとまとまりで読む

Robot cleaners clean rooms／while people are away／

and save people's time (↘).
andの前で少し間を置く

Many people like to have extra time,／
toは弱めに

so they are becoming more popular (↘).
more popularを強く読む

訳

ロボット掃除機
今日では、ますます多くの人が自宅でロボット掃除機を使っています。いろいろな店でさまざまな種類のものが入手できます。ロボット掃除機は人がいない間に部屋を掃除し、人の時間を節約します。多くの人は余分な時間があることを好むので、それらはますます人気を集めています。

□**robot** — ロボット　□**cleaner** — (電気)掃除機　□**a variety of ～** — さまざまな～
□**available** — 入手できる　□**save** — ～を節約する　□**extra** — 余分な

ロボット掃除機の人気の高まりと、その理由であるロボット掃除機のメリットについて書かれているね。

音読のポイント

タイトルのRobotの最初のoは「オゥ」と発音します。そしてタイトルに続く1文目が、このパッセージで一番重要な内容。このパッセージのトピックであるrobot cleanersを強調して読みます。3文目はandの前で少し間を置きます。4文目は文末のmore popularを強く読みましょう。

2 | パッセージについて答える

According to the passage, why are robot cleaners becoming more popular?
パッセージによると、なぜロボット掃除機はますます人気を集めているのですか。

解答例

Because they clean rooms while people are away and save people's time.
人がいない間に部屋を掃除し、人の時間を節約するからです。

解答のポイント

まず、面接官の質問に含まれている表現をパッセージから探しましょう。4文目の後半にthey are becoming more popularとあります。この代名詞theyを、面接官はrobot cleanersに置き換えて質問しています。その直前にあるso「～なので」は4文目の前半を指していますが、これはさらにその前にある3文目のRobot cleaners clean rooms while people are away and save people's time.を受けたものなので、この部分を答えましょう。質問はwhy ～?「なぜ～か」と聞いているので、答えるときはBecause「～だからです」で文を始めます。

3 | イラストについて答える(1)

スーパーマーケットの店内のイラストだね。エプロンをつけている人たちは店員さんかな?

Now, please look at the people in Picture A. They are doing different things. Tell me as much as you can about what they are doing.

では、Aのイラストの人々を見てください。彼らは異なることをしています。彼らがしていることについて、なるべくたくさん私に説明してください。

解答例

A woman is counting money. 女性がお金を数えています。
A man is wrapping a box. 男性が箱を包装しています。
A man is pushing a cart. 男性がカートを押しています。
A woman is cleaning the floor. 女性が床をきれいにしています。
A woman is choosing an orange. 女性がオレンジを選んでいます。

□**count** — ～を数える □**wrap** — ～を包む □**push** — ～を押す □**cart** — カート
□**floor** — 床 □**choose** — ～を選ぶ □**orange** — オレンジ

解答のポイント

イラストに描かれている人物の動作を、「今～している、～しているところだ」という意味を表す現在進行形〈be動詞＋動詞のing形〉の文で描写します。レジにいる女性はお金を数えているところなので、count money「お金を数える」という表現を使います。机の上の箱を包んでいる男性の動作は、wrap a box「箱を包装する」で表現できます。中央の男性の動作は、push a cart「カートを押す」で言い表しています。カートの上に載っている箱に着目し、A man is carrying a big box.「男性が大きな箱を運んでいます」と言ってもよいでしょう。ほうきを持っている女性の動作はclean the floor「床をきれいにする」としていますが、ほうきなどで掃き掃除をすることを表すsweep「～を掃く」という単語を使うこともできます。左上の女性の動作はchoose「～を選ぶ」で表せますが、select「～を選択する」を使ってもOKです。

4 | イラストについて答える(2)

女性が箱を持ち上げようとしているね。女性の表情と吹き出しに着目して、状況を整理してみよう。

Now, look at the woman in Picture B. Please describe the situation.

では、Bのイラストの女性を見てください。状況を説明してください。

解答例

She can't put the box on the shelf because it's too heavy.

重すぎるので彼女は箱を棚の上に置けません。

□ **shelf** ― 棚　□ **heavy** ― 重い

解答のポイント

「女性が箱を棚の上に置くことができない」という結果と、「箱が重すぎる」という原因の2点を述べます。解答例は接続詞becauseを使って、[結果→because→原因]という流れになっています。接続詞so「～なので」を使って、[原因→so→結果]という順序にすることもできます。

5 自分のことについて答える(1)

Do you think electric cars will be more popular in the future?
将来、電気自動車はより人気になると思いますか。

Yes.(はい)の場合

Why? なぜですか。

解答例 

An electric car is very quiet. Also, it's good for the environment.
電気自動車はとても静かです。また、環境にもいいです。

□**electric** — 電気の □**quiet** — 静かな □**environment** — 環境

解答のポイント

面接官は「将来、電気自動車はより人気になると思うかどうか」を尋ねています。「人気になると思う」と主張するYes.の解答例では、まず、very quiet「とても静か」であるということを1つ目の理由として述べています。その後、Also「また」に続けて、it's good for the environment「環境にいい」と2つ目の理由を示しています。

No.(いいえ)の場合

Why not? なぜですか。

解答例 

They're very expensive. Also, it takes a lot of time to recharge an electric car.
それらは値段がとても高いです。また、電気自動車を充電するには多くの時間がかかります。

□**expensive** — 高価な □**recharge** — ～を充電する

解答のポイント

「人気になると思わない」と主張するNo.の解答例では、値段の高さを1つ目の理由として述べています。主語のTheyは、面接官の質問にあるelectric cars「電気自動車」を指しています。Also「また」に続く2文目は、it takes a lot of time to recharge an electric car「電気自動車を充電するには多くの時間がかかる」と、2つ目の理由を述べたものです。

6 | 自分のことについて答える(2)

Today, many people use video streaming services. Do you often use those services to watch movies?
今日、多くの人々が動画配信サービスを利用しています。あなたは映画を見るためにそれらのサービスをよく利用しますか。

Yes.(はい)の場合

Please tell me more. もっと私に話してください。

解答例 

I think they are very convenient. This is because I can watch movies on my smartphone anytime and anywhere.
それらはとても便利だと思います。なぜかと言うと、スマートフォンでいつでもどこでも映画を見ることができるからです。

□ **video streaming service** — 動画配信サービス　□ **convenient** — 便利な

解答のポイント

面接官は「今日、多くの人々が動画配信サービスを利用している」と述べた後、「あなたは映画を見るためにそれらのサービスをよく利用するか」と、あなた自身のことについて尋ねています。Yes. の解答例では、まず、very convenient と便利さを強調しています。続く2文目は、This is because「なぜかと言うと」に続けて、1文目に補足説明を加えたものです。全体として、「時間や場所を問わずにスマートフォンで映画を見ることができるので、とても便利だと思う」と主張しています。on my smartphone は「スマートフォンで」、anytime and anywhere は「いつでもどこでも」という意味です。

No.(いいえ)の場合

Why not? なぜですか。

解答例

This is because not all the movies I want to watch are on video streaming services. I prefer watching DVDs.
なぜかと言うと、私の見たい映画が全て動画配信サービスにあるとは限らないからです。私はDVDを見る方が好きです。

□ **prefer *doing*** ― ～する方を好む

解答のポイント

No.の解答例では、This is because「なぜかと言うと」に続けて、「見たい映画が全て動画配信サービスにあるとは限らないから」と1つ目の理由を述べています。続けて、prefer *doing*「～する方を好む」を用いて、「DVDを見る方が好き」と2つ目の理由を挙げています。これは、動画配信サービスとDVDという、映画を見る2つの手段を比較した上で、DVDの方が好きだと主張したものです。1文目のbecause節内の主語not all the moviesは、「全ての映画が～とは限らない」という部分否定の表現になっています。なお、I want to watch「私が見たい」は直前の名詞movies「映画」を修飾しており、the movies I want to watchで「私が見たい映画」となります。

差がつくポイント！

イラスト描写問題のコツ①

1 | 主語の冠詞(a / an / the)に注意する

No. 2は、Aのイラストに描かれているそれぞれの登場人物の動作について、できるだけたくさん描写する問題です。登場人物は主にman「男性」／woman「女性」／boy「男の子」／girl「女の子」ですが、主語につける冠詞に注意しましょう。

No. 2の問題では、主語には必ず不定冠詞のa[an]を使います。ここでは「すでに話題にあがっている、特定の人物」について述べているわけではないので、定冠詞のtheは使いません。

また、イラスト内の2人の人物が同じ動作をしていることもあります。そのときは、Two men「2人の男性」／Two women「2人の女性」のように、Two ...「2人の…」という形で主語を表しましょう。この場合は、a[an]をつける必要はありません。

2 | 現在進行形を使う

No. 2の問題のもう1つのポイントは、答えるときの動詞の時制です。面接官の質問にwhat they are doing「彼らがしていること」とあるように、登場人物の進行中の動作について説明する問題なので、現在進行形を使って答えましょう。

現在進行形は〈be動詞＋動詞のing形〉の形で、「今～している、～しているところだ」という意味を表します。

be動詞は主語によって変化させましょう。基本的にはA man、A woman、A boy、A girlといった三人称単数形の主語になるので、isを使うことがほとんどです。
まれに2人以上の人物が同じ動作をしていることもあるので、その場合はTwo men are *doing* ～「2人の男性が～している」のように、areを使いましょう。

Day 5

Nap Time
（昼寝の時間）

Day5 問題カード

Nap Time

There is a custom in which people take a nap in the afternoon. These days, there are some schools that take advantage of this custom. Students can take a twenty-minute nap after lunch, and by doing so they can concentrate on their studies without feeling tired. This custom will be popular in Japan soon.

A

B

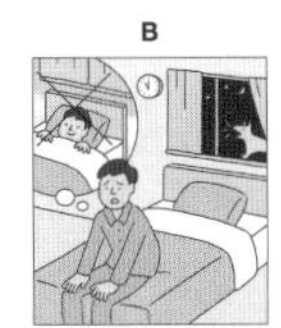

面接の流れを振り返ろう

左の二次元コードから動画を見ながら、
面接の一連の流れをおさらいしましょう。

1｜パッセージを読む

Please read the passage silently for twenty seconds.
20秒間、パッセージを声に出さずに読んでください。
Now, please read it aloud.
では、声に出してパッセージを読んでください。

パッセージの英文

Nap Time
There is a custom in which people take a nap in the afternoon. These days, there are some schools that take advantage of this custom. Students can take a twenty-minute nap after lunch, and by doing so they can concentrate on their studies without feeling tired. This custom will be popular in Japan soon.

2｜パッセージについて答える

According to the passage, how can students concentrate on their studies without feeling tired?
パッセージによると、生徒たちはどのようにして疲れを感じることなく勉強に集中することができるのですか。

解答例

By taking a twenty-minute nap after lunch.
昼食の後に20分間の昼寝をすることによってです。

3 | イラストについて答える (1)

Now, please look at the people in Picture A. They are doing different things. Tell me as much as you can about what they are doing.

では、Aのイラストの人々を見てください。彼らは異なることをしています。彼らがしていることについて、なるべくたくさん私に説明してください。

解答例

A girl is drawing a picture.
女の子が絵を描いています。
A girl is throwing away some trash.
女の子がごみを捨てています。
A man is cleaning a blackboard.
男性が黒板をきれいにしています。
A boy is putting on a cap.
男の子が帽子をかぶっています。
A boy is sleeping at a desk.
男の子が机で寝ています。

4 | イラストについて答える (2)

Now, look at the man in Picture B. Please describe the situation.

では、Bのイラストの男性を見てください。状況を説明してください。

解答例

He can't sleep because a dog is very noisy.
犬がとてもうるさいので彼は眠れません。

5 | 自分のことについて答える (1)

Do you think students should go to school on Saturdays?

生徒たちは土曜日に学校へ行くべきだと思いますか。

Yes. はい。

Why?
なぜですか。

解答例

They can learn more things. Also, they can have more chances to make friends.
彼らはもっと多くのことを学ぶことができます。また、友達をつくる機会も増えます。

No. いいえ。

Why not?
なぜですか。

解答例

They study enough on weekdays. Also, they should do whatever they want to do on Saturdays.
彼らは平日に十分勉強をしています。また、土曜日には彼らがしたいことを何でもするべきです。

6 | 自分のことについて答える（2）

Today, there are many fast food restaurants. Do you like to eat fast food?
今日では、多くのファストフード店があります。あなたはファストフードを食べることが好きですか。

Yes. はい。

Please tell me more.
もっと私に話してください。

解答例

Since I can get fast food quickly, it's very convenient especially when I'm busy. Also, it's very cheap.
ファストフードはすぐに手に入るので、忙しいときには特に便利です。また、ファストフードはとても安いです。

No. いいえ。

Why not?
なぜですか。

解答例

I think it's not good for my health. I prefer to eat healthy food.
ファストフードは健康によくないと思います。私は健康的な食べ物を食べる方が好きです。

それぞれの問題を理解しよう

問題ひとつひとつの理解を深めましょう。🎙スピーキングアイコンがついている箇所は、アプリ「my-oto-mo」で発音判定ができます。

1｜パッセージを読む

Please read the passage silently for twenty seconds.
20秒間、パッセージを声に出さずに読んでください。
Now, please read it aloud.
では、声に出してパッセージを読んでください。

Nap Time
Napのaは「ア」と「エ」を混ぜたような音

There is a custom／in which people take a nap／
take a napはひとまとまりで読む

in the afternoon（↘）**.**

These days,／there are some schools／
schoolsはやや強めに読む

that take advantage of this custom（↘）**.**

Students can take a twenty-minute nap after lunch,／
twenty-minute napを少し強めに

and by doing so（↗）／**they can concentrate on their studies／**
soは語尾を上げて少し間を置く

without feeling tired（↘）**.**

This custom will be popular in Japan soon（↘）**.**
Japanを強調する

訳

昼寝の時間

午後に人々が昼寝をする風習があります。このごろ、この風習を利用している学校があります。生徒たちは昼食の後に20分間の昼寝をすることができ、そうすることで、疲れを感じることなく勉強に集中することができます。この風習は近いうちに日本で人気になるでしょう。

□**nap** — 昼寝　□**custom** — 風習　□**take a nap** — 昼寝をする、仮眠をとる
□**take advantage of ～** — ～を利用する　□**concentrate on ～** — ～に集中する
□**feel tired** — 疲れを感じる

午後に昼寝をする風習と、その風習をうまく利用した学校の事例が紹介されているね。

音読のポイント

タイトルのNapのaは、日本語の「ア」と「エ」を混ぜたような音になります。1文目のtake a napは1語1語区切って読むのではなく、ひとまとまりとしてつなげて発音します。3文目のsoは語尾を上げて少し間を置くことがポイントです。4文目はJapanを強調して読みましょう。

2 | パッセージについて答える

According to the passage, how can students concentrate on their studies without feeling tired?

パッセージによると、生徒たちはどのようにして疲れを感じることなく勉強に集中することができるのですか。

解答例 

By taking a twenty-minute nap after lunch.

昼食の後に20分間の昼寝をすることによってです。

解答のポイント

面接官の質問に含まれている表現を、パッセージから探しましょう。3文目の後半にthey can concentrate on their studies without feeling tiredと書かれています。面接官の質問では、この代名詞theyがstudentsと言い換えられています。その直前にあるby doing so「そうすることで」のdoing soは、3文目前半のStudents can take a twenty-minute nap after lunchを指しているので、この部分が答えになります。how ～?「どのようにして～か」という質問に対しては、By *doing*「～することによってです」という表現を使って答えることがポイントです。

3 | イラストについて答える(1)

教室内の様子を描いたイラストだね。誰が何をしているところなのか、登場人物の動作を確認しよう。

Now, please look at the people in Picture A. They are doing different things. Tell me as much as you can about what they are doing.

では、Aのイラストの人々を見てください。彼らは異なることをしています。彼らがしていることについて、なるべくたくさん私に説明してください。

解答例

A girl is drawing a picture.
女の子が絵を描いています。
A girl is throwing away some trash.
女の子がごみを捨てています。
A man is cleaning a blackboard.
男性が黒板をきれいにしています。
A boy is putting on a cap.
男の子が帽子をかぶっています。
A boy is sleeping at a desk.
男の子が机で寝ています。

□**draw** — ～を描く　□**throw away ～** — ～を捨てる　□**trash** — ごみ　□**blackboard** — 黒板
□**put on ～** — ～を身に着ける、～をかぶる

解答のポイント

登場人物の動作は、「今～している、～しているところだ」という意味を表す現在進行形〈be動詞＋動詞のing形〉の文で表します。鉛筆で絵を描いている女の子の様子は、draw a picture「絵を描く」という表現を使います。右上の女の子の「ごみを捨てる」という動作はthrow away some trashです。trashは不可算名詞なので、a trashとすることはできません。また、「ゴミ箱」はtrash canやtrash boxと言うので、throw something into a trash box「ゴミ箱に何かを投げ入れる」と表現することもできます。黒板の前に立っている男性の動作は、clean a blackboard「黒板をきれいにする」という表現を使って表しましょう。右下の男の子の動作はput on ～「～を身に着ける」です。野球帽のように前だけにつばのある帽子はcap。hatは縁のある帽子のことです。左下の男の子の「机で寝る」という動作はsleep at a deskで表現できます。take a nap「うたた寝をする」を使って、A boy is taking a nap.としてもよいでしょう。

4 | イラストについて答える(2)

窓の外の様子から、時間帯は夜だということが読み取れるね。ベッドに腰掛けている男性の様子を見て、状況を想像しよう。

Now, look at the man in Picture B. Please describe the situation.

では、Bのイラストの男性を見てください。状況を説明してください。

解答例

He can't sleep because a dog is very noisy.

犬がとてもうるさいので彼は眠れません。

□ **noisy** ── 騒がしい

解答のポイント

「男性が眠れない」という結果と、「犬がうるさい」という原因の2点を述べます。解答例は接続詞becauseを使って、[結果→because→原因]と説明しています。sleepの代わりに、fall asleep「眠りに落ちる」という表現も使えます。また、a dog is very noisyの代わりに、a dog keeps barking「犬が吠え続けている」と表現してもよいでしょう。接続詞so「～なので」を使って[原因→so→結果]と説明することもできます。

5 | 自分のことについて答える(1)

Do you think students should go to school on Saturdays?
生徒たちは土曜日に学校へ行くべきだと思いますか。

Yes.(はい)の場合

Why? なぜですか。

解答例 

They can learn more things. Also, they can have more chances to make friends.
彼らはもっと多くのことを学ぶことができます。また、友達をつくる機会も増えます。

□**chance** — 機会　□**make a friend** — 友達をつくる

解答のポイント

面接官は、「生徒たちは土曜日に学校に行くべきだと思うかどうか」を尋ねています。「行くべきだと思う」と主張するYes.の解答例では、土曜日も学校に行くことによって生徒たちができることを2つ述べて、その理由としています。1つ目にThey can learn more things.「もっと多くのことを学ぶことができる」という点を挙げてから、Also「また」に続けて、they can have more chances to make friends「友達をつくる機会も増える」ことを2つ目の理由として付け加えています。

No.(いいえ)の場合

Why not? なぜですか。

解答例 

They study enough on weekdays. Also, they should do whatever they want to do on Saturdays.
彼らは平日に十分勉強をしています。また、土曜日には彼らがしたいことを何でもするべきです。

□**enough** — 十分に　□**on weekdays** — 平日に

解答のポイント

「行くべきだと思わない」と主張するNo.の解答例では、They study enough on weekdays.「平日に十分勉強をしている」と述べ、土曜日には学校に行く必要がない理由を説明しています。さらに、Also「また」という表現に続けてthey should do whatever they want to do on Saturdays「土曜日にはしたいことを何でもすべきだ」と前文で述べた理由を補足しています。なお、whateverは「〜するものは何でも」という意味を表す複合関係代名詞です。whatever they want to doで「彼らがしたいことは何でも」という意味になります。

6 | 自分のことについて答える(2)

Today, there are many fast food restaurants. Do you like to eat fast food?
今日では、多くのファストフード店があります。あなたはファストフードを食べることが好きですか。

Yes.(はい)の場合

Please tell me more. もっと私に話してください。

解答例

Since I can get fast food quickly, it's very convenient especially when I'm busy. Also, it's very cheap.
ファストフードはすぐに手に入るので、忙しいときには特に便利です。また、ファストフードはとても安いです。

□ **quickly** — すぐに □ **convenient** — 便利な □ **especially** — 特に □ **cheap** — 安い

解答のポイント

面接官は、「今日では、多くのファストフード店がある」という現状を述べた後、「あなたはファストフードを食べることが好きかどうか」とあなた自身の意見を尋ねています。Yes.の解答例ではまず、it's very convenient especially when I'm busy「忙しいときには特に便利」と1つ目の理由を述べています。文頭の接続詞Since「〜なので」に続くI can get fast food quickly「ファストフードはすぐに手に入る」の部分は、「忙しいときには特に便利」だと考える理由を説明したものです。続けてAlso「また」を使い、価格の安さを2つ目の理由として述べています。

No.(いいえ)の場合

Why not? なぜですか。

解答例

I think it's not good for my health. I prefer to eat healthy food.
ファストフードは健康によくないと思います。私は健康的な食べ物を食べる方が好きです。

□**health** — 健康　□**prefer to *do*** — ～する方を好む　□**healthy** — 健康的な

解答のポイント

No.の解答例では、not good for my health「健康によくない」とファストフードの健康上の悪影響を理由に挙げています。2文目はprefer to *do*「～する方を好む」という表現を使って、「健康的な食べ物を食べる方が好きだ」と、食べ物に関する自分自身の好みを伝えています。ここではファストフードと健康的な食べ物を比較しているため、I prefer to eat healthy food rather than fast food.「私はファストフードよりも、むしろ健康的な食べ物を食べる方が好きです」と表現することもできます。

差がつくポイント！

イラスト描写問題のコツ②

1｜接続詞を有効に使う

No. 3はBのイラストを見て、状況を説明する問題です。吹き出しの中に描かれているのが、登場人物が考えていることです。吹き出しの中と外、人物の表情から状況を読み取りましょう。吹き出しのイラストにバツ印が付けられて、やりたいことができないと示されていることもあります。何が原因で、それをすることができないのかを簡潔に描写しましょう。

簡潔に分かりやすく因果関係を説明するのに効果的なのが、接続詞のbecauseやsoを使うことです。[結果→原因]の順番で説明するならbecauseを、[原因→結果]の順番で説明するならsoを使いましょう。

例えば、Day 5の問題ではbecauseを使って

He can't sleep because a dog is very noisy.
「犬がとてもうるさいので彼は眠れません」

のように、「眠れない」という結果を先に述べた後、その理由として「犬がとてもうるさいから」と説明しています。
この文はA dog is very noisy, so he can't sleep.と説明することも可能です。

このように、soとbecauseは語順を入れ替えて説明することができるので、答えやすい方を使えばOKです。

2｜代名詞をうまく活用する

No. 3の問題に答えるときは、主語に代名詞を使います。
Now, look at ～ in Picture B.「では、Bのイラストの～を見てください」と聞かれるので、面接官の質問をよく聞いて、「～」に入る語句を代名詞に置き換えて答えましょう。

例えば、Day 5の問題ではNow, look at the man in Picture B.「では、Bのイラストの男性を見てください」という面接官の質問を受けて、the man「男性」をHe「彼」に置き換えて答えています。

このポイントを事前に頭に入れておき、実際の試験では面接官の質問を注意して聞き取るようにしましょう。

Day 6

Wearing Yukata
（浴衣を着ること）

Day6 問題カード

Wearing Yukata

In Japan, many people like to wear a yukata in the summer. They go sightseeing and take pictures wearing a yukata. Some stores offer discounts to people who wear a yukata, and in this way, they can attract more people during the summer. There will be more of those stores in the future especially in the popular sightseeing cities.

A

B

面接の流れを振り返ろう

左の二次元コードから動画を見ながら、
面接の一連の流れをおさらいしましょう。

1｜パッセージを読む

Please read the passage silently for twenty seconds.
20秒間、パッセージを声に出さずに読んでください。
Now, please read it aloud.
では、声に出してパッセージを読んでください。

パッセージの英文

Wearing Yukata
In Japan, many people like to wear a yukata in the summer. They go sightseeing and take pictures wearing a yukata. Some stores offer discounts to people who wear a yukata, and in this way, they can attract more people during the summer. There will be more of those stores in the future especially in the popular sightseeing cities.

2｜パッセージについて答える

According to the passage, how can stores attract more people during the summer?
パッセージによると、お店はどのようにして夏の間にもっと多くの人を呼び寄せることができるのですか。

解答例

By offering discounts to people who wear a yukata.
浴衣を着ている人たちに割引を提供することによってです。

3｜イラストについて答える（1）

Now, please look at the people in Picture A. They are doing different things. Tell me as much as you can about what they are doing.

では、Aのイラストの人々を見てください。彼らは異なることをしています。彼らがしていることについて、なるべくたくさん私に説明してください。

解答例

A man is taking a picture.
男性が写真を撮っています。
Two men are picking up trash.
2人の男性がごみを拾っています。
A man is cutting vegetables.
男性が野菜を切っています。
A woman is talking on a phone.
女性が電話で話しています。
A girl is eating ice cream.
女の子がアイスクリームを食べています。

4｜イラストについて答える（2）

Now, look at the man in Picture B. Please describe the situation.

では、Bのイラストの男性を見てください。状況を説明してください。

解答例

He can't meet his friend because he couldn't wake up on time.
彼は時間通りに起きることができなかったので、友達に会うことができません。

5｜自分のことについて答える（1）

Do you think it is a good idea to attract many foreign visitors?

多くの外国人観光客を呼び寄せることはいい考えだと思いますか。

Yes. はい。

Why?
なぜですか。

解答例

I think tourism is good for Japan. Also, it'll provide great opportunities for Japanese people to practice foreign languages.
私は観光産業が日本にとっていいことだと思います。また、日本人が外国語の練習をする素晴らしい機会を提供するでしょう。

No. いいえ。

Why not?
なぜですか。

解答例

Some of them can have bad manners. Also, there might be some troubles caused because of the differences in cultures.
一部の外国人観光客はマナーが悪い可能性があります。また、文化の違いから問題が発生するかもしれません。

6 | 自分のことについて答える(2)

Today, some students work part-time to gain experience. Are you interested in a part-time job?
今日では、経験を得るためにアルバイトをする生徒たちがいます。あなたはアルバイトに興味がありますか。

Yes. はい。

Please tell me more.
もっと私に話してください。

解答例

I think it's important to gain experience outside school. Also, I could start saving money for the future.
私は学校の外で経験を得ることは重要だと思います。また、将来のためにお金を貯め始めることもできます。

No. いいえ。

Why not?
なぜですか。

解答例

I have a lot of homework to do, so I don't have time for that. Also, I don't want to lose my free time.
私にはやるべき宿題がたくさんあるので、そのための時間がありません。また、自分の自由時間を失いたくありません。

それぞれの問題を理解しよう

問題ひとつひとつの理解を深めましょう。スピーキングアイコンがついている箇所は、アプリ「my-oto-mo」で発音判定ができます。

1 | パッセージを読む

Please read the passage silently for twenty seconds.
20秒間、パッセージを声に出さずに読んでください。
Now, please read it aloud.
では、声に出してパッセージを読んでください。

Wearing Yukata
Yukataは少しゆっくり読む

In Japan,／many people like to wear a yukata／

in the summer (↘).
in the summerは一息で読む

They go sightseeing and take pictures／wearing a yukata (↘).
sightseeingとpicturesを強調して

Some stores offer discounts to people who wear a yukata,／
offerのoは「オ」に近い「ア」

and in this way,／they can attract more people／
in this wayの後ろは少し間を置く　more peopleを強調して読む

during the summer (↘).

There will be more of those stores／in the future／
in the futureはひとまとまりで読む

especially in the popular sightseeing cities (↘).
especiallyは少し強めに

訳

浴衣を着ること
日本では、多くの人が夏に浴衣を着ることを好んでいます。彼らは浴衣を着て観光に行き、写真を撮ります。浴衣を着ている人たちに割引を提供する店もあり、このようにして、より多くの人を夏の間に呼び寄せることができます。将来、人気のある観光都市では特に、そのような店がもっと増えるでしょう。

□**yukata** ── 浴衣　□**sightseeing** ── 観光　□**take a picture** ── 写真を撮る
□**discount** ── 割引　□**attract** ── ～を呼び寄せる　□**especially** ── 特に

日本では夏に浴衣を着る文化があることと、それがもたらす経済効果について書かれているね。

音読のポイント

タイトルはYukata「浴衣」を少しゆっくり読みます。このパッセージで一番重要なのは、1文目の「日本では、多くの人が夏に浴衣を着ることを好む」という内容。文末のin the summerは一息で読みましょう。3文目は長いので、and in this wayの前と後ろで少し間を置きます。more peopleも強調して読むとよいでしょう。

2 | パッセージについて答える

According to the passage, how can stores attract more people during the summer?
パッセージによると、お店はどのようにして夏の間にもっと多くの人を呼び寄せることができるのですか。

解答例 

By offering discounts to people who wear a yukata.
浴衣を着ている人たちに割引を提供することによってです。

解答のポイント

パッセージから面接官の質問に含まれている表現を探しましょう。3文目の後半にthey can attract more people during the summerと書かれています。この代名詞のtheyは、面接官の質問のstoresに当たります。その直前にあるin this way「このようにして」のthis wayは、さらにその前にある3文目前半のSome stores offer discounts to people who wear a yukataを指しているので、この部分が答えになります。質問はhow ～?「どのようにして～か」と聞いているので、答えるときはBy *doing*「～することによってです」から文を始めましょう。

3 | イラストについて答える(1)

お祭りのイラストだ。右上の男性2人は同じ動作をしているね。

Now, please look at the people in Picture A. They are doing different things. Tell me as much as you can about what they are doing.

では、Aのイラストの人々を見てください。彼らは異なることをしています。彼らがしていることについて、なるべくたくさん私に説明してください。

解答例

A man is taking a picture. 男性が写真を撮っています。
Two men are picking up trash. 2人の男性がごみを拾っています。
A man is cutting vegetables. 男性が野菜を切っています。
A woman is talking on a phone. 女性が電話で話しています。
A girl is eating ice cream. 女の子がアイスクリームを食べています。

□**take a picture** — 写真を撮る　□**pick up ～** — ～を拾う　□**trash** — ごみ
□**vegetable** — 野菜　□**talk on a phone** — 電話で話す

解答のポイント

現在進行形〈be動詞＋動詞のing形〉を使って、「今～している、～しているところだ」と、登場人物の動作を説明します。カメラを持っている男性の動作は、take a picture「写真を撮る」で表すことができます。右上の男性2人は同じ動作をしているので、Two men「2人の男性が」を主語にして共通の動作を描写しましょう。pick up trashで「ごみを拾う」という意味です。trashは不可算名詞なので、冠詞のaを付けることはできません。左下の男性の動作はcut vegetables「野菜を切る」と表現します。vegetables「野菜」に言及せず、A man is cooking something.「男性が何かを調理しています」としてもよいでしょう。浴衣を着ている女性の動作はtalk on a phone「電話で話す」で表せますが、a cell-phoneやa mobile phoneを使って「携帯電話」の意味を表すこともできます。右下の女の子が手に持っているice creamは不可算名詞なので、冠詞は付けません。

Day1 Day2 Day3 Day4 Day5 Day6 Day7

4 | イラストについて答える(2)

男性は何やら慌てている様子だね。吹き出しは予定を表しているよ。

Now, look at the man in Picture B. Please describe the situation.

では、Bのイラストの男性を見てください。状況を説明してください。

解答例 

He can't meet his friend because he couldn't wake up on time.

彼は時間通りに起きることができなかったので、友達に会うことができません。

□**wake up** — 起きる　□**on time** — 時間通りに

解答のポイント

「男性が友達に会うことができない」という結果と、「時間通りに起きることができなかった」という原因の2点を述べます。解答例は接続詞becauseを使って、[結果→because→原因]という流れになっています。「起きる」はwake up、「時間通りに」はon timeです。接続詞so「～なので」を使って[原因→so→結果]という順序にしてもよいでしょう。

5 | 自分のことについて答える(1)

Do you think it is a good idea to attract many foreign visitors?

多くの外国人観光客を呼び寄せることはいい考えだと思いますか。

Yes.(はい)の場合

Why? なぜですか。

解答例

I think tourism is good for Japan. Also, it'll provide great opportunities for Japanese people to practice foreign languages.

私は観光産業が日本にとっていいことだと思います。また、日本人が外国語の練習をする素晴らしい機会を提供するでしょう。

□**tourism** — 観光産業　□**provide *A* for *B*** — AをBに提供する　□**opportunity** — 機会
□**practice** — ～の練習をする　□**foreign language** — 外国語

解答のポイント

面接官は、「多くの外国人観光客を呼び寄せることはいい考えだと思うかどうか」を尋ねています。「いい考えだと思う」と主張するYes.の解答例では、tourism「観光産業」が「日本にとっていいことだと思うから」と1つ目の理由を述べています。tourismは「観光旅行」という意味もありますが、ここでは「観光産業、観光事業」のことを言っています。続く2文目では、Also「また」を使って、2つ目の理由を追加で述べています。it'll provide great opportunities for Japanese people to practice foreign languages「日本人が外国語の練習をする素晴らしい機会を提供するだろう」というものです。

No.(いいえ)の場合

Why not? なぜですか。

解答例 

Some of them can have bad manners. Also, there might be some troubles caused because of the differences in cultures.

一部の外国人観光客はマナーが悪い可能性があります。また、文化の違いから問題が発生するかもしれません。

□**manner** — マナー　□**trouble** — 悩み、問題　□**cause** — ～を引き起こす
□**because of ～** — ～が原因で、～のために　□**difference** — 違い

解答のポイント

「いい考えだと思わない」と主張するNo.の解答例では、まず、外国人観光客のマナーについてSome of them can have bad manners.と述べています。Some of themのthemは、面接官の質問のforeign visitorsを指しています。「そういう人も一部いる可能性がある」というニュアンスを伝えています。続けてAlso「また」を使い、there might be ～「～があるかもしれない」としています。文化の違いから起こる外国人観光客との問題に対する懸念を、2つ目の理由として述べています。

6 | 自分のことについて答える(2)

Today, some students work part-time to gain experience. Are you interested in a part-time job?

今日では、経験を得るためにアルバイトをする生徒たちがいます。あなたはアルバイトに興味がありますか。

Yes.(はい)の場合

Please tell me more. もっと私に話してください。

解答例

I think it's important to gain experience outside school. Also, I could start saving money for the future.

私は学校の外で経験を得ることは重要だと思います。また、将来のためにお金を貯め始めることもできます。

□**gain** ― ～を得る　□**outside** ― ～の外で　□**save money** ― 貯金する

解答のポイント

面接官は「今日では、経験を得るためにアルバイトをする生徒たちがいる」と現状を述べた後、「あなたはアルバイトに興味があるか」と尋ねています。Yes.の解答例ではまず、gain experience「経験を得る」という表現を使って、「学校の外で経験を得ることは重要だと思う」と1つ目の理由を述べています。その後、2文目ではAlso「また」に続けて、「将来のためにお金を貯め始めることもできる」という点を2つ目の理由として追加しています。解答例ではstart savingとしていますが、「～し始める」という意味はstart *doing*とstart to *do*のどちらでも表すことができるので、start to saveとしてもよいです。save money「貯金する」という表現を覚えておきましょう。

No.(いいえ)の場合

Why not? なぜですか。

解答例 

I have a lot of homework to do, so I don't have time for that. Also, I don't want to lose my free time.
私にはやるべき宿題がたくさんあるので、そのための時間がありません。また、自分の自由時間を失いたくありません。

□ **lose** ― ～を失う

解答のポイント

No.の解答例では、時間に関する理由を2つ挙げています。1文目は宿題が多く、アルバイトのための時間がないと説明したものです。このthatは面接官の質問のa part-time jobを指しており、time for thatで「アルバイトのための時間」を意味しています。一方、2文目ではアルバイトのために自分の自由時間を失いたくないと説明しています。I don't want to *do*で「私は～したくない」という意味です。

差がつくポイント!

意見問題のコツ①

1｜自分の立場をはっきりさせる

No. 4は、パッセージの内容に関連のある話題について、受験者の意見を尋ねる問題です。
質問の形は

- Do you think it is a good idea to *do* ～?　「～することはいい考えだと思いますか」
- Do you think *A* should *do* ～?　「Aは～すべきだと思いますか」

など、Do you think ～?「あなたは～と思いますか」という形がほとんどです。
あなた自身の意見を求められているので、答えるときはまず

- Yes.　「はい」
- No.　「いいえ」

のいずれかで、自分の立場を明確にすることが大切です。

2｜意見の理由を2文程度で述べる

Yes. または No. で自分の立場を表明したら、次に、その理由を2文程度で述べましょう。

1. 理由＋理由

自分の意見に対する理由を2つ述べてもよいでしょう。1つ目の理由を1文目で述べた後、2文目をAlso「また」で始めて、2つ目の理由を付け加えます。Also以外にも、

In addition「加えて」／Moreover「そのうえ」／Besides「そのうえ」

などの表現も、2つ目の理由を述べる際に用いると、分かりやすい構成になります。

2. 理由＋具体例

自分の意見の理由を述べた後、その理由を補強するために具体例を挙げるのも効果的です。For example「例えば」やThere is[are] ～.「～がある」という表現を使えば、具体的な事例を紹介することができます。

3. 理由＋説明・補足

自分の意見の理由を述べた後、その理由を補強するために説明や補足を付け加えるということもできます。1文目に述べた理由のより詳しい説明を、2文目で述べるという形になります。
また、should「～すべきだ」、shouldn't「～すべきでない」という助動詞を使って提案をし、自分の意見を展開するというのも一つの方法です。

Day 7

Emergency Food
（非常食）

Day7 問題カード

Emergency Food

There are many natural disasters such as earthquakes, floods and tsunami in Japan. Right after those disasters, it is difficult to get healthy and fresh food. Now, many companies are selling foods for emergencies. Emergency food can be preserved for a long time, so many people keep it at home.

A

B

面接の流れを振り返ろう

左の二次元コードから動画を見ながら、
面接の一連の流れをおさらいしましょう。

1｜パッセージを読む

Please read the passage silently for twenty seconds.
20秒間、パッセージを声に出さずに読んでください。
Now, please read it aloud.
では、声に出してパッセージを読んでください。

パッセージの英文

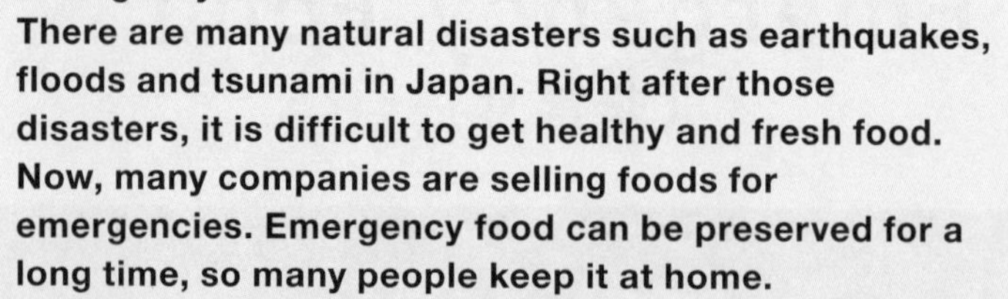

Emergency Food
There are many natural disasters such as earthquakes, floods and tsunami in Japan. Right after those disasters, it is difficult to get healthy and fresh food. Now, many companies are selling foods for emergencies. Emergency food can be preserved for a long time, so many people keep it at home.

2｜パッセージについて答える

According to the passage, why do many people keep emergency food at home?
パッセージによると、多くの人々はなぜ家に非常食を保管しているのですか。

解答例

Because it can be preserved for a long time.
長い間保存できるからです。

3 | イラストについて答える(1)

Now, please look at the people in Picture A. They are doing different things. Tell me as much as you can about what they are doing.

では、Aのイラストの人々を見てください。彼らは異なることをしています。彼らがしていることについて、なるべくたくさん私に説明してください。

解答例

A girl is playing with a cat.
女の子が猫と遊んでいます。
A boy is reading a book.
男の子が本を読んでいます。
A woman is cutting a cake.
女性がケーキを切っています。
A man is putting things into a backpack.
男性がバックパックに物を入れています。
A boy is setting a table.
男の子がテーブルの用意をしています。

4 | イラストについて答える(2)

Now, look at the man in Picture B. Please describe the situation.

では、Bのイラストの男性を見てください。状況を説明してください。

解答例

He is thinking of cleaning the room because it's not clean.
部屋がきれいではないので、彼は掃除することを考えています。

5 | 自分のことについて答える(1)

Do you think the number of people who make their own food will decrease in the future?

将来、自分で食事を作る人の数は減ると思いますか。

Yes. はい。

Why?
なぜですか。

解答例

Many busy people don't have time to cook. There are many restaurants which serve healthy and cheap meals.
多くの忙しい人々は料理をする時間がありません。健康的で安い食事を提供するレストランがたくさんあります。

No. いいえ。

Why not?
なぜですか。

解答例

Many people enjoy cooking at home. Also, eating out at restaurants usually costs more than preparing food at home.
多くの人が家で料理するのを楽しんでいます。また、レストランでの外食は普通、家で食事を用意するよりも高くつきます。

6 自分のことについて答える(2)

Today, some schools offer more than one foreign language. Do you want to speak more than one foreign language?
今日では、2つ以上の外国語を教える学校があります。あなたは2つ以上の外国語を話したいですか。

Yes. はい。

Please tell me more.
もっと私に話してください。

解答例

It's better to speak more than one foreign language. I think I can make many friends if I can speak many languages.
2つ以上の外国語を話す方がいいです。多くの言語を話すことができれば、たくさんの友達をつくることができると思います。

No. いいえ。

Why not?
なぜですか。

解答例

To me the most important thing is to master English. English is the most common language in the world.
私にとって最も重要なことは英語を習得することです。英語は世界で最も普及している言語です。

それぞれの問題を理解しよう

問題ひとつひとつの理解を深めましょう。スピーキングアイコンがついている箇所は、アプリ「my-oto-mo」で発音判定ができます。

1 | パッセージを読む

Please read the passage silently for twenty seconds.
20秒間、パッセージを声に出さずに読んでください。
Now, please read it aloud.
では、声に出してパッセージを読んでください。

Emergency Food
Emergencyはmer「マー」にアクセント

There are many natural disasters／
natural disastersを少しゆっくり強調して読む

such as earthquakes(↗)**,**／**floods**(↗)／
such asの後ろはイントネーションに注意

and tsunami(↘)／**in Japan**(↘)**.**

Right after those disasters,／

it is difficult／**to get healthy and fresh food**(↘)**.**
it is difficultはひとまとまりで読む

Now,／**many companies are selling foods for emergencies**(↘)**.**
foodsを少し強めに

Emergency food can be preserved／**for a long time,**／
for a long timeは一息で読む

so many people keep it at home(↘)**.**

訳

非常食
日本には地震、洪水、また津波といった多くの自然災害があります。そのような災害の直後に、健康的で新鮮な食べ物を手に入れるのは難しいです。今日では、多くの企業が非常時のための食べ物を販売しています。非常食は長い間保存することができるので、多くの人々が家に保管しています。

□**emergency food** — 非常食　□**natural disaster** — 自然災害　□**earthquake** — 地震
□**flood** — 洪水　□**tsunami** — 津波　□**right after ～** — ～の直後に　□**disaster** — 災害
□**healthy** — 健康的な　□**fresh** — 新鮮な　□**emergency** — 非常時
□**preserve** — ～を保存する　□**for a long time** — 長い間

日本には自然災害が多いことを導入部分で述べてから、多くの企業が非常食を販売しているという主題に移っているね。

音読のポイント

タイトルのEmergencyはmer「マー」にアクセントを置きます。1文目のsuch as以降の部分は、イントネーションに注意しましょう。列挙するものがまだ後ろに続くときは、語尾を上げて読みます。そして、このパッセージで一番重要なのが、3文目の内容。foodsを少し強めに発音します。4文目のfor a long timeは一息で読みましょう。

2 | パッセージについて答える

According to the passage, why do many people keep emergency food at home?
パッセージによると、多くの人々はなぜ家に非常食を保管しているのですか。

解答例

Because it can be preserved for a long time.
長い間保存できるからです。

解答のポイント

パッセージについて答える問題なので、面接官の質問に含まれている表現を、パッセージから探しましょう。4文目の後半にmany people keep it at homeと書かれています。面接官は、この目的語のitをemergency foodに置き換えて質問しています。その直前にあるso「～なので」は、4文目前半のEmergency food can be preserved for a long timeを指しているので、この部分が答えになります。質問はwhy ～?「なぜ～か」と聞いているので、答えるときは理由を表す接続詞のBecause「～だから」で文を始めましょう。

3 イラストについて答える（1）

室内の様子が描かれているね。持っている物や身の回りの物を見て、それぞれの人の状況を確認しよう。

Now, please look at the people in Picture A. They are doing different things. Tell me as much as you can about what they are doing.

では、Aのイラストの人々を見てください。彼らは異なることをしています。彼らがしていることについて、なるべくたくさん私に説明してください。

解答例

A girl is playing with a cat. 女の子が猫と遊んでいます。
A boy is reading a book. 男の子が本を読んでいます。
A woman is cutting a cake. 女性がケーキを切っています。
A man is putting things into a backpack.
男性がバックパックに物を入れています。
A boy is setting a table. 男の子がテーブルの用意をしています。

□**put *A* into *B*** — BにAを入れる　□**backpack** — バックパック　□**set** — ～を用意する

解答のポイント

イラストに描かれている人物が行っている動作について、「今～している、～しているところだ」という意味を表す現在進行形〈be動詞＋動詞のing形〉の文で説明します。play with ～で「～と遊ぶ」という意味なので、猫と遊んでいる女の子の動作はplay with a catで表現できます。ソファに座っている男の子の動作はread a book「本を読む」と表しましょう。右上の女性の動作はcut a cake「ケーキを切る」と言います。右下の男性の動作は、「バックパックに物を入れている」と言うことができます。put *A* into *B*「BにAを入れる」という表現を使いましょう。中央の男の子の動作は、set a table「テーブルの用意をする」と表します。あるいは、手に皿を持っている様子をhold a plateと表現してもよいでしょう。holdは「～を手に持っている」、plateは「皿」という意味です。

4 イラストについて答える(2)

吹き出しに描かれているのは、男性が考えていること。実際の部屋の様子と吹き出し内を比較して、男性が考えていることを想像しよう。

Now, look at the man in Picture B. Please describe the situation.

では、Bのイラストの男性を見てください。状況を説明してください。

解答例

He is thinking of cleaning the room because it's not clean.

部屋がきれいではないので、彼は掃除することを考えています。

□ **think of *doing*** — ～することを考える

解答のポイント

吹き出し内に描かれている「部屋を掃除することを考えている」という結果と、「部屋がきれいではない」という原因の2点を述べます。解答例は接続詞becauseを使って、[結果→because→原因]という流れになっています。物が乱雑に散らかっている様子はit's not cleanの他にも、there are a lot of things on the floor「床に多くの物がある」と表現できます。接続詞so「～なので」を使って、[原因→so→結果]という順序にしてもよいでしょう。

5 | 自分のことについて答える(1)

Do you think the number of people who make their own food will decrease in the future?
将来、自分で食事を作る人の数は減ると思いますか。

Yes.(はい)の場合

Why? なぜですか。

解答例 

Many busy people don't have time to cook. There are many restaurants which serve healthy and cheap meals.
多くの忙しい人々は料理をする時間がありません。健康的で安い食事を提供するレストランがたくさんあります。

□**busy** — 多忙な、忙しい □**serve** — (食事など)を出す □**healthy** — 健康的な
□**cheap** — 安い □**meal** — 食事

解答のポイント

面接官は「将来、自分で食事を作る人の数は減ると思うかどうか」を尋ねています。「減ると思う」と主張するYes.の解答例では、まず、Many busy people don't have time to cook.「多くの忙しい人々は料理をする時間がない」と理由を述べています。2文目は、それに続けてThere are many restaurants which serve healthy and cheap meals.「健康的で安い食事を提供するレストランがたくさんある」ことを説明し、1文目で述べた理由を補強しています。

No.（いいえ）の場合

Why not?　なぜですか。

解答例

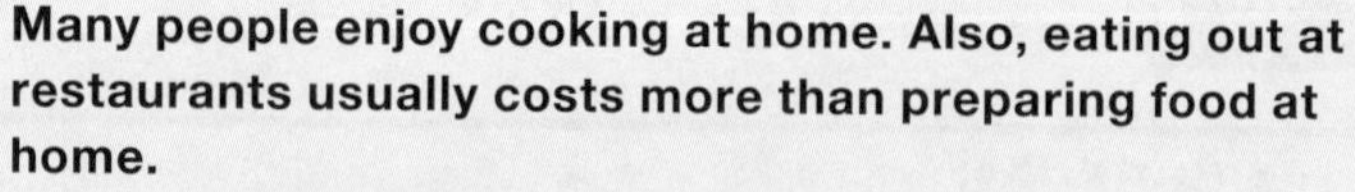

Many people enjoy cooking at home. Also, eating out at restaurants usually costs more than preparing food at home.

多くの人が家で料理するのを楽しんでいます。また、レストランでの外食は普通、家で食事を用意するよりも高くつきます。

□**eat out** — 外食する　□**cost** — （費用）がかかる　□**prepare food** — 食事を用意する

解答のポイント

「減ると思わない」と主張するNo.の解答例では、まず、家で料理を楽しむ人が多いことを1つ目の理由として述べています。その後、Also「また」という表現を使い、外食は家で食事を用意するよりも高くつくという費用面のデメリットを、2つ目の理由として述べています。eating out at restaurantsとpreparing food at homeは動名詞を使った表現で、この2つを比較しています。

6 | 自分のことについて答える（2）

Today, some schools offer more than one foreign language. Do you want to speak more than one foreign language?

今日では、2つ以上の外国語を教える学校があります。あなたは2つ以上の外国語を話したいですか。

Yes.（はい）の場合

Please tell me more.　もっと私に話してください。

解答例

It's better to speak more than one foreign language. I think I can make many friends if I can speak many languages.

2つ以上の外国語を話す方がいいです。多くの言語を話すことができれば、たくさんの友達をつくることができると思います。

□**more than one ～** — 1つの～より多い、2つ以上の～　□**foreign language** — 外国語
□**make a friend** — 友達をつくる

解答のポイント

面接官は「今日では、2つ以上の外国語を教える学校がある」と現状を述べた後、「あなたは2つ以上の外国語を話したいかどうか」を尋ねています。Yes.の解答例では、まず1文目でIt's better to *do*「～する方がよりよい」という表現を使って、「2つ以上の外国語を話す方がいい」と理由を述べています。2文目ではその理由を補足する具体例として、「多くの言語を話すことができれば、たくさんの友達をつくることができる」と多言語学習のメリットを挙げています。

No.（いいえ）の場合

Why not?　なぜですか。

解答例 

To me the most important thing is to master English. English is the most common language in the world.
私にとって最も重要なことは英語を習得することです。英語は世界で最も普及している言語です。

□**master**── ～を習得する　□**common**── 普及している、一般的な

解答のポイント

No.の解答例では、the most important thing is to master English「最も重要なことは英語を習得することだ」という意見を述べています。文頭のTo meは「私にとって」という意味で、それ以降の部分が個人的な見解であることを示しています。一方、2文目では、英語がthe most common language in the world「世界で最も普及している言語」だという一般的な認識に言及しています。これにより、1文目に述べた個人的な意見を、客観性を持たせて補強することができます。

差がつくポイント!

意見問題のコツ②

1｜世間一般のことに興味を持っておく

No. 5では、パッセージの内容に特に関連のない話題について、受験者の意見を聞かれます。話題は生活などに関する一般的なものだけでなく、社会性のある問題も含まれますので、日頃から自分の意見をはっきりともち、そのことを英語で表現できるよう訓練しておくとよいでしょう。さまざまなテーマで短い文を作り、それを声に出して読む習慣をつけておくと力がつきます。

2｜自分の立場をはっきりさせる

まず、These days [Today], 〜. やMany people 〜. といった文で、事実として現状を説明されます。その後、Do you like 〜?「あなたは〜が好きですか」やDo you want to *do* 〜?「あなたは〜したいですか」と質問されるので、この質問にYes. / No. で自分の意見を表明することから解答をはじめましょう。
それに対して、面接官からPlease tell me more. または Why not? と再度質問があるので、理由を2文程度で説明します。理由の構成の仕方はDay 6の差がつくポイント! (p. 086)を参照してください。

今回の問題では、Today, some schools offer more than one foreign language. Do you want to speak more than one foreign language? と、2つ以上の外国語を教える学校もあるという現状を挙げたうえで、2つ以上の外国語を話したいかどうかを尋ねています。Do you want to *do* 〜?と聞かれているので、答えるときは最初にYes. または No. で自分の意見を明確にします。
そのうえで、例えば、Yes. の解答例では
It's better to speak more than one foreign language. I think I can make many friends if I can speak many languages.
と、自分の意見に対する理由を「2つ以上の外国語を話す方がいい」と1文目で述べた後、「なぜなら、その方がたくさんの友達をつくることができるからだ」と2文目でその理由に補足説明を加えています。
他に、1文目と2文目で異なる理由を述べて、自分の意見の理由を2つ挙げてもよいでしょう。

7日間完成!

英検®準2級 二次試験・面接対策 予想問題集

デザイン 小口翔平＋阿部早紀子＋嵩あかり(tobufune)

イラスト 加納徳博(キャラクターイラスト)、日江井香(問題イラスト)、三木もとこ(面接場面イラスト)

執筆・編集協力 株式会社メディアビーコン

英文校閲 Billie S

校正 挙市玲子

動画撮影 斉藤秀明

動画編集 藤原奏人

動画出演 株式会社TOKYO GLOBAL GATEWAY

音声収録・編集 一般財団法人英語教育協議会(ELEC)

DTP 株式会社四国写研

印刷所 株式会社リーブルテック

編集 清水雄輔

販売 小林慎太郎

②